# La luminescence
## de
# L'Eau

# La luminescence de L'Eau

Yannick MYTAE
*Préface du Vénérable Michel Thao Chan*

© 2024, Yannick MYTAE

Mise en page : Yannick MYTAE
Reclecture et corrections : Véronique ERRICO

Édition : BoD – Books on Demand, info@bod.fr.

Impression : BoD – Books on Demand,
In de Tarpen 42, Norderstedt (Allemagne)
Impression à la demande

ISBN : 978-2-3225-4297-0

Dépôt légal : Août 2024

*À mes enfants
Théo, Arthur, et Emmy.*

# PRÉFACE

Aujourd'hui, nous sommes la veille du 14 Juillet 2024. À huit heures du matin, j'étais sur le point d'envoyer la préface écrite depuis des semaines à Yannick pour son livre « ***La luminescence de l'Eau*** ». Mais des lueurs et des nuages d'ignorance m'ont envahi et je suis resté figé devant ce manuscrit ô combien vital et devant le message de l'eau elle-même.

Un miracle s'est produit à neuf heures quinze. À l'extérieur, il pleuvait des cordes. Je me suis précipité sous la pluie, tourbillonnant dans mon cœur et mon esprit, le message de l'eau et les messages du manuscrit chantant la gloire et le pouvoir de l'eau, l'enchantement et la guérison. J'étais complètement trempé et sûrement béni par la « ***luminescence de l'eau*** ».

La pluie a cessé à dix heures quinze. Je suis revenu à mon bureau tout ruisselant pour écrire ces quelques lignes et messages qui m'avaient inondé durant, je crois, plus de « 3 600 000 gouttes d'eau ».

Dans le titre de ce livre « La luminescence de l'Eau – L'âme, l'esprit et les fonctions de l'eau », Yannick nous révèle l'identité des sources d'énergie sur notre planète et les autres planètes du système solaire. L'eau est donc à la fois une source primaire (comme le soleil qui donne l'énergie) et une source secondaire (comme la lune qui reçoit et reflète l'énergie).

L'eau sous sa forme liquide, qui coule dans les fleuves, rivières et mers, existe seulement sur notre planète dans le système solaire. Cette forme est due à une ***distance adéquate*** dans le système cosmique, symbolisée par ***le chiffre sacré 108*** que l'on retrouve dans différentes religions et croyances de l'humanité (distance de la Terre au soleil / diamètre du Soleil = 108 ; distance de la Terre à la lune / diamètre de la Lune = 108, ou dans la Sourate 108 du Coran sur l'Abondance de la vie).

*« […] Et à partir de l'eau, nous avons fait toute chose vivante »* *(Sourate 21, verset 30).* La luminescence est propre à l'Eau, à l'Être Humain et à l'Histoire de l'Humanité dans sa totalité.

Le premier chapitre illustre la carrière de Yannick, sa quête, ses relations familiales et la décision de toute la famille de parcourir le monde en roulotte, en quête du sens et de la magie de l'eau. Yannick nous entraîne sur la mélodie de Vie d'un chercheur, d'une famille à l'écoute du pouvoir de l'eau, entre l'enchantement et la guérison.

Cette mélodie est similaire dans la Bible où l'eau apparaît comme un signe de bénédiction divine. Agar et son fils Ismaël, chassés par Abraham, sont condamnés à errer dans le désert. Dieu entend les prières maternelles et fait apparaître un puits, la soif décrivant symboliquement un désir spirituel ardent. Dieu est alors une source d'eau vive.

Sur le côté scientifique, post conférence au CNR, Yannick nous rappelle que l'eau a toujours été le fondement essentiel de nos civilisations. Pourtant, l'eau ne pourrait se résumer à sa simple existence sous différentes formes (liquide, solide, gazeux). Elle revêt une signification bien plus profonde. *Elle* constitue véritablement *l'essence de toutes nos destinations*. Que ce soit à travers la neige, la mer, un spa naturel, les rivières ou les nuages, cet élément *« Eau »* est omniprésent pour ceux qui recherchent ses propriétés curatives.

***Puis*** à chaque étape, par étape, à travers les différentes écoles de la Vie des Sciences Spirituelles de l'Eau Yannick Mytae nous amène à comprendre que :

✦ **L'Eau** est **un bien commun dont la préservation est devenue un enjeu majeur**, elle est **source de patrimoine** et au fil des années elle a également été **le catalyseur de pratiques culturelles significatives** qui ont généré des valeurs porteuses de patrimoine.

✦ L'eau est une substance qui a une forte propension à **dissoudre d'autres éléments**. De ce fait, elle peut attaquer les parois d'un récipient qui la contient, sculpter des paysages. Elle peut aussi dissoudre des gaz présents dans l'air comme le gaz carbonique ou l'oxygène (oxygène dissous).

✦ Et comme un enchantement pour l'âme et l'esprit, depuis les temps anciens, l'eau a été l'un des éléments les plus efficaces pour **équilibrer le corps et l'âme**. De l'intérieur, l'eau est un **éveil spirituel** permettant de lâcher prise.

En définitive, c'est de la nature intérieure du pratiquant qu'il est question, du potentiel pour chaque être de devenir un bouddha (celui qui atteint l'Éveil). L'eau, c'est l'univers se découvrant sous sa forme réelle, évoluant sans fin ni début, et ainsi « ces montagnes et ces eaux deviennent d'elles-mêmes des éveillés et des sages ».

Ce récit de sagesse de Yannick s'arrête par une **conclusion ouverte** pour laisser chaque lecteur créer son propre cheminement de *« Syntonisation »*, la vibration de l'eau et son message.

Ainsi ce récit nous amène humblement et silencieusement à une quête d'Espérance et de Réalisation de la Vie. Et c'est à chacun de nous, à son degré et mérite, de réaliser que l'eau et son message pourront faire vibrer la terre tout entière avec un message de Paix et d'Harmonisation pour soulager, partout dans le monde, l'humanité souffrante.

C'est une Joie et une Reconnaissance de lire ce manuscrit, mon Très Cher Yannick.

*Michel Thao Chan*

*Docteur ès sciences, moine bouddhiste, soufi, fondateur
et président du Cercle de Réflexion des Nations*

## <u>**Vénérable Michel Thao Chan**</u>

Vénérable Michel Thao Chan a eu plusieurs vies; il a été homme d'affaires, moine bouddhiste, conférencier, chercheur et négociateur. Ainsi, il a un doctorat en biologie et en Sciences Physiques ( UTC, France), un doctorat en psychologie ( UMSc, USA), et est lauréat d'un MBA et DBA ( ISM, France-USA). Spécialiste en biophysique clinique et en négociation internationale, il a consacré l'essentiel de sa carrière au domaine de la santé en tant que chercheur et professeur mais aussi en tant qu'agent économique avec des rôles de directeur développement et marketing , puis directeur financier et ressources humaines dans des PME et des grands groupes ( Hoeschst, Nautilus Biotech, FGene, TMC Development, LBF, Sanofi-Aventis, Securitas Systems, Niscayah). Secrétaire Général de « Sino Européen Développement Formation Culture » ( SED-FC) depuis 2014, et fondateur et président du cercle de réflexion des nations (CRN) depuis 1994, il a signé 2 accords de programme d'éducation avec les nations unies ( UNITAR), au niveau gouvernemental pour la création de 2 programmes Executives :

- 'Doctorate of Peace Administration' pour les diplomates, et les leaders Sociaux (signé en 2007),
- 'PhD of International Governance and Sustainable Development' pour les Ministres et Vice-Ministres dans le monde (signé en 2007).

Vénérable Michel Thao Chan se définit comme le serviteur de la paix et du développement durable.

# INTRODUCTION

Jusqu'à ce matin, j'étais bloqué. Comme sclérosé. Il me semblait impossible de continuer ce projet d'écriture démarré d'une envie : parler de l'eau.

L'idée d'écrire sur le sujet à ma façon est née en début d'année 2023, après avoir animé une série d'interventions sur le thème de l'eau et de sa biocompatibilité.

Quelques mois plus tard, en juillet, je devais réaliser une intervention de trois heures auprès d'une centaine de thérapeutes. Durant plusieurs semaines, j'ai tenté de créer une trame, une structure, mais rien n'y faisait, je n'y arrivais pas. J'avais pourtant compilé des expériences personnelles et de nombreuses données, que je tentais d'organiser pour offrir à mon futur public une intervention de qualité qui leur offrirait une nouvelle vision de l'eau. Je tournais en rond. Un jour, j'ai demandé à Maude, ma compagne, de faire une canalisation pour que je trouve l'axe. Nous nous sommes alors connectés à l'élément Eau. J'ai reçu un enseignement magistral : ces quelques minutes ont d'une part réussi à tout débloquer, et elles m'ont également permis de comprendre que j'étais investi d'une mission. Je devais porter le message de l'eau. Cet enseignement a été un point de bascule fondamental dans la rédaction de ce livre.

J'ai alors créé une conférence inédite, avec un renversement de structure. J'ai commencé et fini par le message principal offert par l'eau dont je devenais, le temps d'une conférence, le messager : « L'eau est notre amie, considérons-la. Elle donne tout à chaque instant sans jamais rien demander en retour. Offrons-lui notre conscience, considérons-la pour ce qu'elle est, la Vie ».

Pour construire une conférence et préparer un

auditoire à recevoir un message, la structure d'usage consiste à exposer un ensemble d'informations factuelles qui vont susciter une émotion comme la culpabilité ou la peur, par exemple, puis à apporter des données techniques étayées et enfin, de proposer des solutions. J'avais accumulé un nombre considérable de données que je destinais également à ce projet de livre au départ : sur la qualité de l'eau, les polluants, la règlementation de l'eau potable, les dommages de l'eau du robinet, de l'eau en bouteille, ainsi que sur le faible potentiel des eaux relativement « mortes » que nous buvons, sans d'ailleurs jamais nous en soucier. Tout un volet devait intégrer les effets de l'eau sur l'organisme. Bref, je devais parler de fonction, d'utilité… et finalement très peu de l'Eau en elle-même.

C'est en réalisant cela que, dans un éclair de lucidité, j'ai transformé ma structure. L'une des demandes de l'Eau, sans doute la plus difficile à respecter, était de ne jamais heurter ni culpabiliser mon auditoire. Je me devais de leur offrir de la façon la plus pure possible le message qui transitait à travers moi. J'ai alors osé. Osé intégrer des parties « méditatives », de légers mouvements corporels et de la musique, pour préparer mon auditoire à la réception du message de l'Eau. J'ai préparé cette conférence comme si je n'en avais jamais fait auparavant, jusqu'à préparer des fiches cartonnées tant j'avais l'impression de ne me souvenir de rien.

Comme un dernier encouragement, j'ai reçu un ultime message : « Ne cherche pas à savoir, les informations viendront quand tu seras devant ton auditoire, et pas avant… » Pas de quoi me rassurer, vous vous en doutez bien.

Comme toujours, la vie est parfaite. Mon intervention lors de l'université d'été du CNR était programmée le jour où le thème était l'eau. Une équipe d'étudiants était chargée de « colorer la journée » selon la vibration de l'eau.

Juste avant mon intervention, je me sentais vide, éprouvant une certaine peur à l'idée de ne savoir que dire durant les trois heures qui allaient suivre. J'ai alors été entraîné dehors par cette équipe, incité à bouger au son de la musique, arrosé d'eau, invité à me mouvoir tel une goutte dans la vague que formaient ensemble les cent personnes présentes. En rentrant dans la salle, nous étions bénis par de l'eau, encore… Plus que jamais, j'étais « dans le bain », dans tous les sens du terme. Prêt à délivrer le message de l'eau.

L'expérience a été surprenante. Je ne saurais pas décrire ce qui s'est passé dans mon corps durant les huit à dix minutes qui ont constitué la délivrance du message de l'Eau. J'ai vu des gens pleurer, d'autres avoir un sourire immense aux lèvres. Une chose est sûre, j'ai senti une énergie qui n'était pas la mienne irradier mon auditoire… Après ce message, j'ai délivré un ensemble d'informations, à la fois pour ouvrir les consciences, mais aussi fournir quelques clés sur la qualité de l'eau que nous buvons.

À la suite de cette intervention, je me suis senti à ma place pour délivrer le message de l'Eau… Bien loin de me douter de ce que la suite m'offrirait, ou plutôt me demanderait. À l'issue de cette intervention, j'étais plus que motivé pour continuer l'écriture de ce livre… Certain de savoir quelle était la suite.

Très vite, je me suis détourné de ce que je peinais à écrire : une sorte de résumé technique compréhensible et cohérent, mais qui manquait d'âme…

Au mois d'octobre, j'ai eu l'opportunité de participer en tant qu'intervenant à « Merkaba, l'esprit de la science », un évènement atypique qui allait, sans que je le sache, transformer la suite de ce livre.

À cette occasion, j'avais amené un prototype de fontaine que j'avais assemblée. Elle intégrait un œuf en verre en forme de cœur qui créait un vortex dans l'eau, ainsi qu'un système d'éclairage qui donnait une dimension particulière à l'objet. L'eau était donc bien là, occupant le devant de la scène. Mon intervention était commune avec deux autres personnes ayant un cursus universitaire bien rempli, Sophie Sourgens, ingénieure hydraulique et ostéopathe, et Philippe Bobola, anthropologue entre autres. Je dois avouer qu'à plusieurs moments, je me suis demandé ce que j'allais bien pouvoir amener à ce nouvel auditoire.

L'événement « Merkaba, l'Esprit de la Science » a la particularité d'offrir plusieurs points de vue sur un même sujet, dans la bienveillance et le respect mutuel. Au final, avec mes deux comparses, nous avons réussi, sans nous connaître, à offrir une information puissante.

Avant cette intervention, Sandrine Amaya-Morisson, l'une des trois coorganisatrices de l'événement, m'avait demandé de créer un rituel d'ouverture. Ces rituels avaient pour objectif de créer un lien entre le public et les intervenants, d'établir un rapport d'égalité entre les uns et les autres pour que tous intègrent que « nous sommes un ». M'est alors venue l'idée de positionner la fontaine au centre de la salle et de demander aux cent personnes de l'assemblée de former deux cercles concentriques en se tenant la main. Sanguitananda, un yogi musicien, a accepté de jouer de la musique « live » pour cet exercice improvisé. J'ai ensuite demandé à chacun de bien vouloir se concentrer sur l'eau au centre, de lui offrir de l'attention et de l'intention positive. Et tout cela en même temps que les deux cercles concentriques tournaient dans des directions opposées. Quelles magnifiques vibrations avons-nous reçues ! Une sorte de magie a opéré. Nous avons envoyé chacun un fragment d'amour et d'attention qui nous représentait. Quasi instantanément, nous avons chacun reçu cent pour cent de ce que le groupe envoyait. Un bel exemple exponentiel de l'énergie. Une forme d'abondance naturelle. Je donne un centième et je reçois toute l'énergie du groupe, à pleine puissance.

La fontaine que j'avais amenée a visiblement provoqué un certain effet. Parmi les différentes personnes que j'ai pu rencontrer, l'une m'a particulièrement marqué, et même impressionné. Il s'agit du Vénérable Michel Thao Chan. Tant d'humour et de simplicité se dégagent de cet homme ! Et tellement de force dans ses propos… C'était la première fois depuis longtemps que je rencontrais quelqu'un qui incarne ce qu'il prône. D'ailleurs, il ne préconise finalement rien d'autre que de vivre simplement et de rire de la vie en paix. Alors, grâce à ma fontaine, à l'Eau, peut-être aussi grâce à mon intervention, à la fin de ces deux journées hors du temps, lorsqu'il fut temps de nous séparer, Michel m'a dit : « Yannick, tu es l'eau, entends ce que je te dis, tu es l'eau… » Un peu grisé par ces deux jours, je reconnais en toute honnêteté que ses paroles ont fait plaisir à mon ego, mais je ne les ai pas bien comprises sur le moment…

La Merkaba est un vaisseau dans lequel on monte et duquel on ne redescend jamais. J'ai eu d'ailleurs la chance durant ces journées de monter dans la Merkaba Circonvolution[1], créée par Pierre et Benjamin, deux géo-bâtisseurs de talent. Cet événement marquant le fut à bien des égards, mais il m'a fallu plusieurs mois pour assimiler les changements qu'il avait entraînés.

Quelques semaines après, tourmenté par les nombreux événements mondiaux, je me suis demandé ce que je pouvais faire en faveur de la paix. Je n'avais aucune envie de m'engager dans une ONG, de « faire de l'humanitaire » tel qu'on peut l'imaginer… J'ai alors écrit un mail au Vénérable Michel Thao Chan, qui est un émissaire pour la paix dans le monde. « Cher Michel, comment fait-on pour œuvrer pour la paix dans le monde à un moment où les conflits se multiplient ? »

Une heure après, mon téléphone sonnait, et je dois avouer que je n'étais pas prêt pour la suite.

- « Bonjour Yannick, il y a des gens qui sont faits pour aller sur le terrain aider les démunis, les personnes souffrantes, mais toi, tu dois porter la voix de l'eau. Je vais partager quelque chose avec toi : tu dois parler de la luminescence de l'eau

- Mais je ne sais pas ce qu'est la luminescence de l'eau…

- Tu dois parler de la vie de l'eau, de sa dynamique. Tout est vibration. Tu dois élever la conscience que les <u>gens ont de l'eau</u> dans la vie de tous les jours. C'est ça, ta

1    *Voir détail de la Merkaba Circonvolution page 143*

participation pour œuvrer pour la paix dans le monde. »

Après cet échange de près de trente minutes, exalté par la situation, je me sentais pousser des ailes… Très vite, je me suis mis à chercher, à réfléchir… et n'ai rien trouvé ! J'avais deux certitudes : mon livre allait s'appeler « La luminescence de l'eau » et j'allais demander au Vénérable Michel Thao Chan de le préfacer… À part ça, c'était l'impasse. Nous étions en novembre 2023. Le temps passe vite…

Jour après jour, les énergies perçues lors de l'appel avec Michel se dissipaient et je me sentais perdu. L'idée d'écrire un livre était bien là, mais je ne savais pas par où commencer… C'était sûrement trop pour moi. Je m'étais certainement fait des illusions. Qui étais-je pour penser pouvoir écrire un livre sur un sujet dont personne ou presque ne parle, moi qui n'ai rien étudié de l'eau !

Dès qu'une conférence, une vidéo ou un article traitant de l'eau paraissait, je le lisais, j'engrangeais encore de l'information, de la « data » comme on dit aujourd'hui. Je me transformais petit à petit en une masse de savoir. Mais plus j'accumulais du savoir, plus je me sentais nul, me demandant pourquoi continuer à croire que je pouvais écrire un livre. Juste parce que mon ego s'était glorifié d'entendre « Tu es l'eau » ?

Les jours et les semaines passèrent. Je m'enfonçais peu à peu… jusqu'à ce matin.

Depuis plusieurs années, Maude et moi pratiquons la « canalisation », appelée également channeling. Nous avons même construit notre première roulotte comme ça. Presque à l'aveugle, sans vraiment comprendre ce que nous faisions. C'était il y a douze ans… Depuis, la canalisation nous accompagne plus ou moins régulièrement, en fonction de nos envies, de nos besoins, et de notre vie. Mais là, c'était le moment, le jour.

« Je me sens perdu, j'ai besoin d'aide pour écrire mon livre.

— Pour commencer, sache que tu as toute la matière dont tu as besoin. Il faut que tu arrêtes d'engranger du savoir car cela te dessert. Il est temps d'opérer un jeûne des savoirs.

Tout le contenu est déjà en toi, mais il te faut le laisser sortir. Voici ce que tu vas faire : au moins une fois par semaine, tu vas aller au bord de l'eau, près d'un cours d'eau, un étang ou un fleuve par exemple, avec ton cahier et ton crayon, et tu vas écrire ce que tu ressens, ce que tu entends, les messages qui te seront délivrés. La luminescence de l'eau n'est pas perceptible par les sens classiques. La luminescence de l'eau doit être savourée différemment, elle demande un effort différent.

Tu dois créer le lien entre l'humain et l'eau. Nous ne pouvons pas aimer quelqu'un que nous ne connaissons pas. L'eau a envie d'être entendue. Sors des concepts humains… Il est important de parler pour elle et non de parler d'elle. Il faudra sortir de la fonction pour aller vers l'être.

Va toutes les semaines plusieurs heures à la rencontre de l'eau et dans cinq semaines, tu auras écrit ton livre… »

Il était 11 h en ce 25 mars 2024, lendemain de pleine lune. La luminescence de l'eau venait de prendre forme… Je venais de comprendre, dans mon corps, les mots que m'avait transmis le Vénérable Michel Thao

Chan quelques semaines auparavant.

À 15 h, j'étais au bord du fleuve El Ter à Torello, en Catalogne. Ma première session pouvait commencer, avec un mélange d'envie et d'appréhension. J'étais curieux de découvrir ce que l'eau allait m'apprendre…

# EL TER

# TORELLO, CATALOGNE (ESPAGNE)

Toute « première fois » est intimidante. Là, il fallait que je me fasse confiance, que je m'attelle à l'écriture intuitive que j'avais déjà pratiquée de nombreuses fois par le passé. J'avais une vision claire de l'endroit où je devais aller, le long du fleuve El Ter. Ce cours d'eau catalan prend sa source dans les Pyrénées, arrose Gérone et se jette dans la mer Méditerranée, à L'Estartit. Long de deux cent huit kilomètres, il ne traverse pas d'autre région que la Catalogne.

Muni d'une petite chaise, d'un thermos de tisane et bien couvert, j'ai marché jusqu'à trouver l'endroit qui m'accueillerait pour cette première session. Ce serait là, un peu à l'écart du sentier, en face des petites falaises qui surplombent cette section du fleuve. Le débit était relativement faible, malgré la période. La Catalogne était passée en sècheresse hivernale sévère. Depuis quatre mois que nous étions sur place, la pluie s'était faite rare.

Après avoir envoyé une photo à Maude lui indiquant que j'étais bien installé pour démarrer, j'ai mis de la musique classique dans mon casque, sorti mon thermos, pris mon nouveau carnet, mon stylo, et je me suis assis…

« Me voici, je suis prêt sans l'être et je dois avouer que je ressens une légère appréhension. Je te vois, je te sens, mais je n'ai jamais réalisé en conscience cette expérience de t'écouter, de t'apprendre et de me modifier à tes côtés.

Je sens dans mon corps ta présence puissante, forte et intimidante. Tout ce que l'on m'a enseigné de toi, finalement, c'est de te réduire à une molécule. Disséquée, comme si l'on avait étudié l'une des cent mille milliards de cellules qui composent le corps humain. Et qu'en étudiant cette cellule, indépendamment des autres, on en avait déduit ses caractéristiques. Je suis certain qu'aucun humain n'accepterait d'être résumé à cette seule étude.

— *Voilà comment la plupart des humains me perçoivent : en ayant étudié hors contexte un fragment de mes cellules, ils croient avoir une vision de qui je suis.*

*Je suis l'eau, et à travers ma luminescence, j'utilise ta voix et ta plume pour me présenter au monde. Il te faudra me rencontrer à bien des endroits différents pour percevoir l'essence de que je veux partager avec toi.*

*Ecoute, ressens, vibre.* (Je prends soin d'enlever mon casque.) *Là, c'est mieux ! Et coupe la musique.* (Je m'exécute, rangeant mon casque et mon téléphone dans mon sac).

— Tout semble dorénavant brouillé. J'ai l'habitude d'avoir de la musique dans les oreilles, et là je me sens tout nu

— *Vous m'avez souillée, mais je ne vous en veux pas. Vous êtes ignorants. Vous les humains, vous ne pensez qu'à travers votre matière grise, vous ne pensez qu'à comprendre, comprendre, comprendre. Sans vivre, sans ressentir, vous ne pouvez rien.*

*La vie est puissante, elle ne cherche pas à comprendre, elle s'exprime, elle ressent.*

— C'est difficile de ne pas écrire ce que je vois.

— *Il y a ce que tu vois, il y a ce que tu perçois. Il y a ce que tu ressens, il y a ce qui vibre. Et surtout il y a bien plus que cela.*

— Alors que tout est eau, il est m'est difficile de te rencontrer, de découvrir qui tu es en mettant de côté tes fonctions.

*— Pars simplement du principe que l'eau est à la base de tout. Ne te pose plus de questions sur mes fonctions, mais ouvre-toi à moi et laisse-moi te guider.*

— OK. L'Eau est tout. L'Eau est partout, l'Eau est fonction de tout. Bonjour Eau, qui es-tu ?

*— Je suis ce que tu entends, ce que tu vois, ce que tu perçois, mais au-delà, je suis UN.*
*L'humain a préféré me diviser en molécules, en groupe de molécules et me catégoriser en tant que source, ruisseau, lac, rivière, étang, nappe, fleuve, mer et enfin en océan.*
*Je suis tout cela, mais je suis plus encore. Je suis le messager, la vibration, le continuum. Je suis le temps et l'espace. Je suis la vie et la mort. »*

J'ai pris une gorgée de tisane en contemplant le fleuve.

*« En cet instant, tu me bois et m'observe. Je suis dedans et dehors à la fois. Ce que tu vois est la représentation de ce qui est en toi. »*

J'ai alors pris conscience de la tisane qui pénétrait, chaude dans ma gorge, et l'ai imaginée descendre en virevoltant tels les remous du fleuve devant moi.

« C'est difficile, je vois une rivière avec toute la vie qui va avec. Je perçois l'eau «fonction», mais je ne te perçois pas.

— *La rencontre est sur un autre plan. La fonction n'est pas ce qui est. L'action de l'eau qui coule et forme un fleuve n'a rien à voir avec ce que je suis. C'est un fragment de qui je suis.*

— C'est intéressant. Je ressens de l'agacement. J'aime comprendre et là, je ne comprends rien.

— *Ressens et tu n'auras plus besoin de comprendre… Je veux, à travers toi et à travers d'autres, que tu puisses faire ressentir qui je suis. Je ne veux pas que l'on m'explique, je veux que l'on m'écoute, que l'on me ressente.*
*J'ai besoin que tu sois le messager de l'eau pour porter ma vibration. Pas d'explications. Ouvrir la conscience à la vibration de l'eau, c'est élever sa vibration. Peu importe le chiffre de ma fréquence. La bonne fréquence, c'est la syntonisation.*
*Apprend la syntonisation et tu pourras faire vibrer les gens sur ma fréquence.* »

J'ai alors pris un temps de réflexion sur ce que je venais d'écrire. Je ne comprenais pas tout. Il faudrait qu'une fois à la maison je prenne le temps de tout relire. La lumière du jour déclinait, les canards arrivaient, sans doute pour passer la nuit ici. J'apercevais de temps à autre un poisson qui sautait, de petits oiseaux au bord qui semblaient boire. Je réalisais qu'il y avait là une vie puissante. Je commençais à me poser des questions…

« *Pourquoi» est la plus inutile des questions. Le comprends-tu ?*

— Un canard perçoit-il l'eau comme une fonction ou comme une entité, un être à part entière ?

— *Les deux, tout comme tu ne peux percevoir le canard que dans sa dimension physique. Les animaux, les végétaux, et même les minéraux n'ont aucune difficulté à communiquer. Tout se passe sur un autre plan. Nous sommes ensemble pour que tu portes le message de la luminescence de l'eau. La luminescence est l'état naturel de communication entre tous les règnes. C'est le langage universel.*

*La luminescence, c'est l'association subtile de la lumière à l'essence de tout ce qui est, ici et là. La lumière est le véhicule de toute chose. C'est à travers elle que nous communiquons tous. Vous les humains, pour la plupart, pensez que la communication passe par le son, la lecture, l'expression visuelle et corporelle. La lumière est à la base de toute la communication. L'une de mes fonctions en tant qu'Eau est d'être le vecteur de cette communication.*

*La luminescence de l'eau est l'essence de qui je suis et de l'information que je véhicule. S'ouvrir à la luminescence de l'eau, c'est s'ouvrir à qui je suis. Percevoir ma luminescence, c'est percevoir mon essence. Si toi aussi tu m'offres l'essence de qui tu es, notre communication sera d'égal à égal. Nous serons alors dans l'essence de l'instant.*

*Si tu apprenais à communiquer à travers ta luminescence, alors ta communication serait pure. Plus de fonction, plus d'action, juste ce qui est, et surtout ce qui est essentiel.*

*À tes côtés, je peux t'enseigner cela. Tu vois ma fonction rivière ? Il suffit de te connecter à ma luminescence. Et c'est aussi valable pour tout ce qui t'entoure.*

— Comment dois-je faire ?

— *Écoute et ressens. Viens me voir souvent, ici ou ailleurs, là où je suis visible dans un premier temps. Observe, laisse-toi porter par mes bruits, mes odeurs, mes vibrations, et ma température froide. Cela prendra du temps, mais ce sera puissant. Acceptes-tu ?*

— Oui, bien sûr. Et j'accepte aussi tous les changements que cela impliquera… Merci pour cette première session. »

C'était étrange. Lors de la canalisation avec Maude, il m'avait été dit de ne pas me focaliser sur la durée. Que je saurais quand ce serait fini. C'était vrai. Je l'ai su. C'était la fin pour cette session.

J'ai regardé l'heure sur mon téléphone : 16 h 30… Je venais de passer une heure et demie avec l'Eau. Cette situation avait quelque chose de surréaliste. À cet instant, j'étais à la fois heureux d'avoir réussi, de m'être dépassé pour aller à la rencontre de l'eau, mais aussi confus. Ensuite tout s'est enchaîné, j'ai écrit plusieurs pages sur mon cahier, entrecoupées de temps de pauses d'observation, en éprouvant toujours cette sensation de confusion.

Je suis retourné à ma voiture avec cette ambivalence en moi. En rentrant, je me suis précipité sur mon ordinateur pour coucher ces quelques mots.

L'aventure de la Luminescence de l'eau était scellée. Plus de retour en arrière. Il me tardait la prochaine session, sans savoir où ce serait.

# PARC DE L'ESPANYA INDUSTRIAL

## BARCELONE, CATALOGNE (ESPAGNE)

Le lendemain à 14 h, j'avais rendez-vous dans le centre de Barcelone, au Barcelona Glass Studio. J'allais rencontrer Agustina Ross, une souffleuse de verre. Il était temps que je me rende sur place. Depuis le milieu de l'année dernière, lorsque j'avais reçu mes œufs en verre créés aux États-Unis par un autre artisan verrier, j'avais l'envie d'avancer.

Ces structures ont pour moi un aspect magique. Elles ressemblent un peu à un cœur humain, ou à un œuf, et permettent à l'eau de créer naturellement un vortex. Ma recherche autour de l'eau inclut une part de recherche esthétique. Je crois que le beau est important et que cet aspect est même très loin d'être superflu. L'envie d'améliorer ma fontaine, de la rendre plus performante mais également plus esthétique était déjà présente en moi. Mais comme pour l'écriture de ce livre, il m'a fallu débloquer quelque chose pour aller de l'avant.

Il est toujours difficile de travailler sur un prototype. C'est un exercice de longue haleine. Il faut y croire, trouver de la motivation, de l'énergie, du temps et de l'argent pour obtenir un résultat qui sera peut-être décevant. Pour progresser, il faut avancer, c'est pourquoi j'ai pris la direction de Barcelone.

Depuis ma connexion à l'eau la veille, j'étais comme en effervescence à l'intérieur. Ce jour-là, je me suis réveillé tôt, avec cette envie profonde de me reconnecter de nouveau à elle. Un ensemble de facteurs m'ont permis d'arriver plus tôt que prévu à Barcelone. Dans le train, j'ai pris le temps de chercher un lieu où il y avait de l'eau près de mon rendez-vous. J'ai trouvé un parc qui jouxte la gare de Barcelona-Sants. En sortant de cet immense bâtiment de pierre et de verre, j'ai rapidement trouvé l'entrée du parc. Après avoir vérifié la présence d'un lac artificiel, je me suis précipité pour acheter quelque chose à grignoter et me poser au bord de l'eau.

J'ai regardé cette étendue artificielle d'eau. Ces pseudo-cascades environnées de buildings de plusieurs dizaines d'étages. Un panorama inhabituel pour moi qui affectionne particulièrement la nature, si possible sauvage et en forêt. Mais la veille, il m'avait bien été dit « Viens me voir le plus souvent possible, dans des endroits où tu me vois ».

Alors, Eau, me voilà, dans un cadre que je considère comme étant particulièrement hostile, qui plus est sans casque sur les oreilles pour me couper de l'environnement extérieur immédiat.

« Me voici dans un parc urbain, à Barcelone, près de la gare. Ici, au bord de l'eau, je ne vois pas la fonction, mais tout cela me questionne. L'eau, le mouvement, l'utilité.

— *C'est parce que tu ne perçois pas la Luminescence de l'Eau. Écoute, ressens, vibre. Cela se passe sur un autre plan. L'eau transmet toujours un message, partout. Chaque être qui compose cette planète est constitué d'eau, aussi cette transmission est permanente.*

— Je ne comprends pas bien. Ici, on parle de fonction ?

— *Oui, j'ai comme toi une fonction de messager. Ta seule fonction n'est pas d'être messager, mais de partager qui tu es à travers ta luminescence.*

— Est-ce qu'ici, en me connectant à toi, je suis connecté à toutes les eaux du monde ?

— *Non, tu es connecté avec l'eau et je suis UN. Mais chacun des endroits, des lieux dispose de sa propre énergie. Je fais toujours partie d'un ensemble, et cet ensemble EST. Il offre aux lieux, aux êtres vivants qui le constituent un ensemble harmonieux répondant à un besoin. La luminescence de l'eau est, quant à elle, universelle. On en revient toujours au même. Il y a ce que je partage en tant que fonction, comme ici dans ce parc, où j'apaise et offre un espace vital. Et il y a qui je suis, l'Eau, que j'exprime au travers de ma luminescence.*

— Tout mon enseignement consiste à faire la différence entre fonction et luminescence de l'eau ?

— *Non, c'est seulement le préambule, le point de départ. Tant que l'on ne sera pas sur le plan de la luminescence, rien ne sera encore possible.*

— En fait, je dois apprendre une langue pour délivrer ton message ? Comme apprendre la langue d'un peuple premier pour en décoder la sagesse ?

— *Non, car cette langue tu la connais, tu la comprends. Seulement, tu ne sais pas l'écouter ni l'exprimer consciemment.*
*La syntonisation est la clé. Tu ne peux t'accorder à la luminescence de l'eau sans utiliser la syntonisation.*

— Peux-tu m'apprendre la syntonisation ?

— *C'est ce que l'on a commencé hier. La chose la plus simple est de dissocier la fonction de l'être. Ou encore de voir avec le cœur. Voir plus loin qu'avec ses propres yeux.*
*Ce que tu vois est basé sur ce que tu crois. Voir avec le cœur se profile sur une autre dimension. On parle de fréquence, de vibrations. C'est cela qu'il est important que tu apprennes. Ressens, vibre, regarde plus largement que ce qui se dégage de là.*

— Merci pour cette session. »

J'ai pris quelques instants pour observer les différentes scènes devant moi, en pensant honnêtement que le chemin serait long. Je comprenais qu'un changement devait s'opérer en moi, mais il n'était pas encore là !

Il était temps que je me mette en route pour aller à la rencontre d'Augustina.

# PETIT ÉTANG DE GALLIFA

## SANT BOÏ DE LLUÇANES, CATALOGNE (ESPAGNE)

Le troisième jour de ce début d'enseignement de l'eau, je ne me sentais pas très bien. Mon moral n'était pas au top. C'est ainsi de temps en temps. J'ai la chance d'avoir une vie libre, bien que la chance n'ait sans doute rien à voir. Disons qu'avec Maude, nous avons pris le temps de construire une vie sur mesure, sans contraintes extérieures, sans obligations particulières, excepté celle d'assurer nos besoins quotidiens. Il nous a fallu douze ans pour y parvenir, un peu comme quelques gouttes d'eau qui sortent de terre et finissent par former un fleuve, au fil du temps, au fil de la distance. Nos expérimentations et nos choix nous ont conduits à une façon de vivre bien différente d'une vie plus classique, plus sédentaire, plus « dans la norme » !

Dans cette vie sans filet, où nous prenons soin de répondre à nos besoins fondamentaux, de créer encore et toujours de nouveaux projets, de nous déplacer dès que nous en ressentons le besoin ou lorsque la vie nous en offre la possibilité, il y a des haut et des bas. Nous n'avons aucun modèle, rien ne nous montre qu'il est « normal » de ressentir ce que nous ressentons.

Parfois mon mental prend le dessus. J'oublie que la vie se joue dans l'instant, non dans le futur, et encore moins dans le passé. Alors le « plus-tard immédiat » se joue de moi. J'oublie encore et toujours que tout est parfait dans l'instant. Que le parfait dans l'instant n'est pas toujours agréable. Que ce parfait a pour objectif de me faire avancer dans la vie. Ces journées-là sont alors lourdes. Difficiles. Le moindre grain de sable vient encore les alourdir, comme si ce grain insignifiant pesait une tonne.

Ce jour-là, mon côté déterminé m'a poussé malgré tout à aller au bord de l'eau. Je me suis déplacé à pied, non loin de notre campement, jusqu'au petit étang de Gallifa, sur le lieu où nous résidons depuis quatre mois.

C'est une petite retenue d'eau entièrement entourée de végétation. Un petit écrin préservé de la présence humaine, offert à la nature. Les arbres hauts et les buissons relativement denses offrent un repli, un espace encaissé qui ressemble à une bulle de sécurité.

Mais l'eau s'y fait rare. Le petit ruisseau qui l'alimente n'a jamais coulé depuis que nous sommes arrivés, et le niveau de l'eau baisse. Cela faisait quelques semaines que je n'y étais pas retourné et j'ai été surpris. Mais à la demande de l'Eau, « Viens me voir aussi souvent que possible là où tu me vois », j'étais là, je la voyais et j'ai pu commencer cette troisième session.

« Je sais qu'il se passe des choses. Je sais que tout bouge et tout avance, mais j'avoue en être au même point.

Aujourd'hui, j'ai parlé de la luminescence de l'eau avec Sandrine lors de notre visio, et cela me donne l'impression de m'éloigner plus encore. Et toi, l'Eau, quel est ton message ? Comment peux-tu me parler ? Qu'as-tu à m'apprendre ? Suis-je prêt à le recevoir ce message ? Et à le délivrer ? »

Devant moi, des milliers de lentilles d'eau éparpillées semblaient vouloir se rassembler. Devant cette mare a priori inerte, je percevais, grâce aux lentilles à la surface, un mouvement lent, rotatif. Une légère vibration de l'eau mue par le vent caressait le petit étang.

« Le silence semble faire partie de l'expérience aujourd'hui. Comment-puis-je écouter si je n'entends rien ? »

Je me suis rappelé qu'environ treize ans plus tôt, j'avais joué de la guitare dans une grotte au pied d'une source d'eau. C'était dans les Pyrénées. Il était six ou sept heures du matin et j'avais joué là pour l'eau, pour la source. Sans rien attendre d'autre en retour que le plaisir de jouer pour elle. Je ne voulais rien. Rien d'autre que nous offrir, à l'eau et à moi, ce moment suspendu hors du temps. Personne ne pouvait m'entendre et personne ne savait que j'étais là. C'était probablement puissant, mais je ne me souviens plus de ce que j'avais ressenti. C'est ainsi.

« Est-ce que l'expérience de sortie de corps est une manière d'atteindre la luminescence ?

— *Non ce n'est pas utile.*

— Est-ce que l'état de conscience modifié est nécessaire pour atteindre la luminescence de l'eau ?

— *Non ce n'est pas nécessaire, mais l'état de conscience modifié permet d'atteindre la luminescence de l'eau et de toute chose plus facilement.*

— Dans quel état dois-je me présenter à toi pour être en lien avec ta luminescence ?

*— Dans un état d'être profond. Un état où la lumière jaillit de toi, mais aussi où elle peut te pénétrer. Un état de conscience élevé avec un grand calme intérieur. Le temps importe peu, décrispe-toi. Aujourd'hui tu n'es pas dans de bonnes dispositions. Je te le redis, le jeûne d'information est nécessaire, tu disposes de tout en toi pour pouvoir avancer. Mais tu ne le laisses pas sortir. Ton ventre tendu, ce n'est rien d'autre. Laisse aller, arrête de retenir. Crois-tu qu'il est intéressant de tout garder en toi ? Pour acquérir une nouvelle conscience, il te faut libérer de l'espace, faire de la place, et accepter de laisser partir l'ancien, l'obsolète. Tu veux avancer ? Libère-toi de tes entraves.*

— C'est quoi, mes entraves ?

*— L'amoindrissement ! L'extérieur ne te donnera aucune valeur autre que celle qui est à l'intérieur. Plus tu développeras la confiance, plus il sera facile d'accepter qui tu es. Tu refuses de l'écrire ? »*

Il m'a été difficile d'écrire la phrase que j'ai alors entendue. Mais n'avais-je pas accepté les transformations qui allaient avec cette expérience ?

« Je suis un être exceptionnel aux multiples talents. Je suis plus que ce que je perçois et exprime. Mon talent n'enlève rien à celui des autres. »

Voilà, c'était écrit !

« *C'est un début. Mais le lien que nous créons présente une fragilité qui dépend de toi. Il est impératif de renforcer la confiance que tu portes en qui tu es.*

*Pas de doute permis, ni sur la véracité de ce qui est écrit, ni sur tes capacités. Laisse travailler ce qu'il doit sur d'autres plans. Plus de doute sur l'expérience que nous créons.*

— Merci. »

J'ai refermé mon cahier, très sceptique quant à ce qui venait de se passer. Il est certain que mon état du jour n'était pas propice à cette session. J'ai pensé qu'il valait mieux que je fasse une pause avant la prochaine. Il fallait que les choses se décantent un peu. Mon sentiment à cet instant était que tout cela ne servait à rien et que je n'y arriverais pas…

\*\*\*

Cinq jours se sont écoulés après cette session avec l'eau. Les jours ont passé, mais je n'ai pas poussé pour aller au bord de l'eau. La dernière session avait eu raison de moi. Les doutes s'étaient immiscés. Comme à chaque fois lors de ces exercices, j'avais l'impression d'écrire n'importe quoi, que ce qui sortait de moi lors de ces séances d'écriture intuitive, de canalisation avec l'eau était un tissu d'incohérences. Il me fallait du temps. L'exercice d'écriture de ce livre m'a permis de prendre conscience plus rapidement que ce qui est a une valeur importante pour moi.

J'écris régulièrement, depuis plusieurs années. J'ai des cahiers noircis de mes écrits un peu partout. De nombreux travaux que je n'ai jamais voulu publier car, à l'issue de mon écriture, je les trouvais pauvres. Inconsistants. Inutiles. Parfois j'ouvre un cahier au hasard. Une sorte de « retour vers le passé ». Les mémoires de mon corps me renvoient au processus d'écriture, au contexte. Finalement, je découvre mon texte avec plusieurs mois, voire plusieurs années de décalage. J'ai alors l'impression que je n'en suis pas l'auteur tant je le trouve intéressant, puissant. Cohérent et subtil à la fois.

Comment ma perception sur le moment peut-elle être aussi différente de celle que j'en ai quelques mois ou années plus tard ?

Il y a quelques années, presque huit ans maintenant, j'ai écrit deux petits livres : « 7 clés pour changer de vie » et « Et si vous sortiez de votre zone de confort ».[2] Ces ouvrages, que j'imprimais moi-même et qui étaient <u>disponibles gratuitement</u> en PDF, m'ont accompagné

[2] *A télécharger sur www.yannick-mytae.fr*

durant deux ou trois ans. À cette époque, j'avais créé plusieurs stages de développement personnel que j'animais. Puis la vie a repris son cours et ces petits livres se sont posés dans un dossier de mon ordinateur. Je les avais presque oubliés jusqu'à ce que je reçoive un mail, il y a un an.

*« Bonjour et bon dimanche Cher Yannick, je suis Daniel M., depuis la République démocratique du Congo Kinshasa, résident dans la province du Sud Kivu, ville de Bukavu, je suis un entrepreneur dans le domaine d'informatique bureautique et papeterie.*

*Ayant lu votre livret intitulé les 7 clés pour changer de vie, j'étais complètement ravi et édifié par les encouragements et précisions que vous ne cessez de répéter dans les 7 chapitres de ce livret. Alors ma préoccupation se trouve à la sixième clé où vous parlez de 1 000 façons pour atteindre ses rêves et dont 999 ne sont pas encore connues. Je tiens à vous informer que j'ai beaucoup cherché dans d'autres livres et sur des sites web, mais je ne trouve pas ces façons. C'est pourquoi je viens maintenant là où vous êtes pour en demander.*

*Que le Dieu tout puissant présent dans mon cœur vous fortifie et vous bénisse en tout. »*

J'ai d'abord cru à une blague. Voilà maintenant plusieurs années que je n'avais plus rien fait autour de ces petits livres. D'après ce mail, il était juste impossible que cette personne n'ait pas lu « 7 clés pour changer de vie ». J'ai alors pris le temps de lui répondre.

*« Bonjour Daniel.*

*Merci pour ton mail. Je suis curieux. Où as-tu trouvé mon petit livret « 7 clés pour changer de vie » que j'ai écrit il y a quelques années maintenant ?*

*Les 999 manières dont je parle sont une forme d'analogie pour dire qu'il est important d'ouvrir ses horizons. Si tu es croyant, cela se rapprochera d'avoir la foi et d'avancer sans savoir où l'on va. Être prêt à découvrir un chemin, c'est l'appeler à soi...*

*Belle fin de journée. Yannick.* »

Je reçus rapidement une réponse…

« *Bonjour Yannick, je viens de recevoir votre mail, vraiment suis trop content que vous réalisez. Votre livret m'a été envoyé par un ami de très proche depuis les USA, il réside actuellement à Texas quand je lui parlais de mes affaires qui semblent ne pas avancer, et que je voulais abandonner pour voir comment me trouver un emploi dans une ONG, c'est là qu'il m'a dit «attendez mon vieux je vous envoie un livret qui a changé ma façon de voir les choses.» Et il m'avait envoyé ce livret, j'ai exploité et je vous rassure que j'étais au bout de faire une crise cardiaque compte tenu des stress dus à des échecs de mes affaires, mais après lecture ce livret est pour moi un consolateur. C'est pourquoi je ne pouvais pas rester sans dire un mot à son auteur.*

*C'est de cette manière-là que je suis tombé sur votre œuvre que j'ai trouvé ne pas être ordinaire, mais plutôt magique.*

*Que mon Dieu vous bénisse abondamment.* »

J'ai été quelque peu choqué par ce message. Il m'a fallu un moment pour réaliser que mon petit livret sans prétention avait parcouru trois continents avant que l'on m'annonce un jour par mail, sans que j'y sois préparé, qu'il avait changé la vie de deux personnes. J'avais tellement souhaité que cela arrive à travers mes stages, tellement mis d'attentes dans ces deux années… Et de mon point de vue, j'avais échoué, car mes objectifs n'avaient pas été atteints.

Chercher ma valeur à l'extérieur de moi avait fait de cette période un double échec. J'avais l'intention profonde de changer la vie des gens, mais inconsciemment, je voulais en retirer le bénéfice secondaire. Que ce soit un peu grâce à moi. De cette façon, je trouvais là une reconnaissance extérieure qui venait combler mon manque de confiance intérieur… Seulement, vous l'aurez compris, cela n'a pas fonctionné.

Durant les années qui ont suivi, j'ai entamé un difficile travail pour sortir de ce besoin égotique de sauver les gens pour en obtenir la reconnaissance. J'ai dû apprendre à offrir le meilleur de moi-même. À découvrir que ma puissance au service du monde était plus efficace lorsqu'elle ne faisait pas de bruit, lorsque je n'attendais aucun résultat. C'est un long chemin vers l'Être. Et il n'est pas fini, bien sûr. Ces deux mails sont venus m'offrir de la joie. Et surtout ils m'ont montré que lorsque je fais les choses pour la joie que cela me procure, quand j'offre au monde sans rien attendre en retour, la vie produit ses effets magiques. Rien, ni personne ne peut m'offrir la reconnaissance intérieure dont j'ai besoin. Je suis le seul à le pouvoir. Ces mails sont venus au moment où je n'attendais rien. À un moment trop éloigné, où je ne pouvais plus rapprocher l'écriture du livre du résultat.

Dans la nature au printemps, est-ce que les bourgeons, porteurs de vie et d'avenir, demandent de la reconnaissance pour ce qu'ils sont ? Est-ce que l'eau, qui nous donne tout à chaque instant, nous demande reconnaissance ? Non, ils sont ce qu'ils doivent être, la plus belle version d'eux-mêmes, en harmonie totale avec l'ensemble dont ils font partie, et nous aussi d'ailleurs.

L'homme occidental s'est affranchi de tout cela, pensant qu'il était supérieur et qu'il pouvait exploiter la nature comme s'il n'en faisait pas partie. Supérieur au point de ne plus observer la magie de la vie pour garantir sa sécurité. Cette sécurité est basée sur des actions extérieures à lui-même, provoquant de fait une insécurité intérieure profonde. Ainsi, par sécurité, il fait de la prévention.

Un oiseau qui se pose sur une branche fragile ne place pas sa confiance dans la branche, mais dans sa capacité à voler si la branche cède. L'humain occidental aurait apposé une interdiction d'accéder à la branche au risque qu'elle se brise. Il aurait peut-être même fait couper l'arbre entier à cause d'une branche susceptible de poser problème.

Cela me renvoie à un extrait du livre de Kim Pasche « L'endroit du monde – En quête de nos origines sauvages ». À la page 228, voici ce qu'il partage sur la confiance et la prévoyance :

*« Je cherche juste à faire corps avec le territoire. Mais comment faire ? Est-ce une question d'équilibre entre la connaissance et l'intuition ? Quand l'équilibre est spontané, on appelle cela l'instinct. Mais il est rarement inné pour l'humain moderne et souvent parasité par un autre aspect de la connaissance : la prévoyance.*

*Et la prévoyance, si elle n'est pas tempérée par la confiance, nous fait tôt ou tard glisser vers la prévention, qui est un état sclérosant, pour ne pas dire mortifère. Ici même si je devais analyser ma situation au regard de la prévention, je ne mettrais plus un pied dehors. Anticiper le pire est une attitude paranoïde, elle rend fou l'homme seul et le pousse à se recroqueviller sur lui-même.*

*En forêt, prudent n'est pas synonyme de prévoyant. La prudence est une lucidité de chaque instant, elle prédispose l'individu, ou le groupe, à éviter spontanément toutes situations néfastes.*

*Et cette capacité de concentration, d'éveil permanent, est rendue possible par la confiance.*

*La confiance, c'est le nomadisme du corps et de l'esprit. C'est savoir qu'on peut quitter un point d'eau parce qu'il y en aura un autre plus loin. Ne prélever qu'une branche à la fois pour faire un arc parce que l'on sait qu'en temps voulu, il y en aura d'autres sur le chemin.*

*Il faut arrêter d'être trop prévoyant. Parce que prévoir c'est projeter, et projeter c'est échapper à l'instant présent.* »

Ces mails et ces pensées m'avaient revivifié. J'étais prêt à poursuivre le chemin initiatique offert par ma connexion avec l'eau.

# GORGES DE GALAMUS

## CUBIÈRES-SUR-CINOBLE, OCCITANIE
(FRANCE)

Lorsque je me suis levé ce dimanche de début mars, la vue qui s'offrait à mes yeux était surprenante. Un léger manteau blanc recouvrait le paysage. Je pensais que la pluie avait cessé vers cinq heures du matin, mais elle s'était juste faite silencieuse.

Je devais aller à la rencontre d'un client dans l'Aude pour prendre des mesures sur un chantier d'autonomie à venir. Je savais que sur mon trajet, à vingt minutes de chez lui, se trouvent des gorges que j'avais déjà parcourues en revenant de ma première visite sur le site. Sous une très légère neige, j'ai pris la route depuis la Catalogne en direction de l'Aude. Un pique-nique dans mon sac, je me suis octroyé la possibilité de faire une pause d'une heure avant mon rendez-vous en début d'après-midi.

« C'est un cadre magnifique pour te rencontrer de nouveau. Et t'écouter. Il m'a fallu plusieurs jours de pause avant de reprendre. Je crois qu'il faut vraiment que je relise ce que j'ai écrit la dernière fois.

— *La force ne provient pas de ce que tu vois. La force de l'eau, c'est de la luminescence en puissance. Que le débit soit élevé avec une puissance apparente ou que ce point soit un simple filet, voire quelques gouttes seulement, la puissance de l'eau est imperceptible par l'œil humain.*

*Observe la différence qui existe entre un lieu où l'eau est présente, à plus forte raison s'il s'agit d'eau qui court, et un lieu sans eau. Elle est là, la force de l'eau. Dans sa luminescence.*

— Pourquoi me parles-tu de force aujourd'hui ?

*— En voilà une question inutile ! Il n'y a pas besoin de raison pour aborder un sujet. C'est là, ici et maintenant. Les «pourquoi» appartiennent à la sémantique de la compréhension, et comprendre n'est pas utile. Expérimenter est vital. Ressentir et vibrer, c'est essentiel. Comprendre, on peut s'en passer. Pour comprendre, on simplifie, alors on réduit le champ de l'expérience, on crée des limites, des lois, des cases. Et enfin à l'intérieur de tout cela, on peut comprendre.*

*Or, sans le ressenti, sans l'expérience, sans la vibration, nous coupons la compréhension de liens complexes que contient la Vie.*

*C'est pour cela qu'aujourd'hui je voulais partager le fait que la force n'est pas ce que tu vois ou crois. La force est une puissance qui émane de l'intérieur, elle n'a rien à voir avec une conséquence physique. Cette force physique est présente dans chaque eau que nous buvons. Qu'elle soit pure ou polluée, qu'elle soit dynamisée ou non.*

*Cette force, vous pouvez vous y connecter, elle est en vous, elle est présente partout. Vous y accédez sur le plan de la luminescence.*

*Parfois, ce qu'il se passe dans la matière ne reflète pas la force. Ce que vous appelez la «force de la nature» n'a rien à voir avec le potentiel inné dont je parle ici..*

— Malgré le froid et le vent, je suis bien ici en ta compagnie. Merci pour cela, mais également pour ce que je n'ai pas écrit. Pour ce que je sens, vibre et entends. Pour ce qui apparaît en filigrane de cette eau qui court sans se poser la question de ce qu'il y a plus loin. Cette eau qui incarne la confiance absolue en ce qui est.

Je suis le chemin, pas à pas, dans la confiance de ce qui est.

Merci. »

J'ai regardé une dernière fois cette rivière et entamé ma remontée jusqu'à la voiture pour revenir dans un autre monde, plus matériel.

N'est-ce pas là aussi un des aspects de ces enseignements ? Ne sommes-nous pas en permanence entre les différents mondes de perceptions qui nous composent ? Bien trop habitués au monde de la matière, nous en oublions le plan dit « subtil ».

Seul ce qui est présente de la valeur, nous enseigne la science matérialiste. Seulement aujourd'hui, au bord de l'eau, j'ai senti différents plans dans mon corps, par de légères vibrations émanant de l'observation hypnotique de l'eau qui court inlassablement. Ces plans n'étaient pas visibles avec mes yeux, mais je les ai « vus » dans mon corps.

Il se dit que « tout n'est qu'énergie et vibrations ». Après tout, nous ne voyons pas l'électricité, mais nous pouvons sentir son champ électromagnétique, ou plus encore si l'on s'électrocute. Nous ne voyons pas non plus les ondes Wifi ou GSM, et pourtant elles sont là.

Ce qui fait que nous croyons en ces ondes, c'est qu'elles sont le produit d'une expérience humaine qui a offert une compréhension du sujet. Seulement, comme nous l'indique l'enseignement de l'Eau, cette compréhension se limite à un champ matérialiste.

La luminescence de l'eau, elle, ne provient pas d'une conception humaine. Comme nous ne pouvons pas l'expliquer, nous partons du simple principe qu'elle n'existe pas. Pourtant, en sommes-nous sûrs ?

Voilà déjà une semaine que j'ai démarré ces sessions d'écriture, de lien, de connexion avec l'eau. La dernière m'a obligé à me connecter à ma confiance intérieure. Mon intime conviction m'empêche de douter. Je n'en ai pas le droit car j'expérimente au bord de l'eau. Je viens de cumuler en conscience plusieurs heures où je n'ai pas seulement écrit, plusieurs heures de ressentis, de vibrations. Des heures durant lesquelles j'ai humé l'odeur des lieux et pris le temps d'observer la nature. De voir l'invisible aux yeux qui n'est visible qu'avec le cœur.

Je ne sais pas encore quand aura lieu ma prochaine session avec l'eau. Je ne la programme pas. Mais je sais qu'elle sera là. Présente, forte et puissante, comme à chaque fois.

# PETIT ÉTANG DE GALLIFA,

## SANT BOÏ DE LLUÇANES, CATALOGNE (ESPAGNE)

Focalisé sur la surface de l'eau, je pense avoir commencé à toucher du doigt quelquechose. Comme en hypnose, j'ai perçu des vibrations au-dessus de l'eau. Le plus difficile était de ne pas les interpréter, de ne pas les passer à la moulinette du mental et de ses petites cases simplistes.

« Bonjour Eau. Je suis heureux de te retrouver aujourd'hui.

*— Le calme n'est pas l'absence de luminescence. Le calme est pour vous humain une illusion. Sur le plan de la luminescence, cela signifie que tout est possible. Le calme est le facteur clé pour atteindre le champ de la luminescence de l'eau ou de tout autre chose.*
*Peux tu revenir ici et maintenant ? »*

Je m'étais égaré loin dans mes pensées…

« *C'est intéressant, le chemin des pensées. Elles sont des ponts entre le passé et le futur. Les pensées ne sont pas dans l'»ici et maintenant».*
*L'ici et maintenant est dans le corps. Que se passe-t-il, ici et maintenant, dans ton corps ?*

— Je me sens un peu lourd, sur la digestion. Mes fesses sont froides à cause du rocher sur lequel je suis assis. Le vent caresse mes pieds nus.

*— Ces ressentis appartiennent à ici et maintenant. Et dans ton cœur, que ressens-tu ici et maintenant ?*

— De la lumière et de l'expansion, avec une pointe de resserrement.

*— Fait grandir cette lumière, donne-lui encore plus de puissance. »*

Ce que j'ai bien évidemment fait.

*« Il n'y a plus d'eau qui coule car le lieu se meurt. Enlever ou bloquer la vie d'un lieu, c'est le couper de son essence. Sans l'énergie, il ne peut pas revenir à la vie sauvage, l'humain ne le laisse pas vivre et vibrer.*

— J'ai voulu refaire couler l'eau ici. Retrouver un point, une source. Seulement je ne l'ai pas fait. Par manque de connaissance, par peur. Et aussi par la facilité, car notre eau provient d'ailleurs.

*— Il est important de ne pas faire les choses à moitié, tout comme il est important de toujours laisser couler la source. La source de vie c'est la luminescence. Sur ce plan, lorsque vous y êtes connecté, dans ta réalité cela se transforme en miracle. Le plan de la luminescence, c'est le plan de la communication universelle. C'est être en lien avec le grand tout qui œuvre en harmonie. »*

J'ai fermé les yeux et j'ai vu des traits de lumière puissants. J'ai senti mon corps se pencher légèrement sur la droite, de plus en plus, sans que je puisse le contrôler. Le son des oiseaux me maintenait dans la réalité mais je frôlais d'autres plans, je le sais. J'ai senti un enseignement, seulement c'est mon corps qui l'a reçu.

Je suis bien incapable d'en conter un mot.

Puis ma tête s'est baissée au centre. J'ai vu des espèces d'anneaux concentriques formant un tube de couleur rouge avec un fond noir très dense.

Je suis revenu à cette réalité face au petit étang, bercé par le chant des oiseaux.

« Comprendre ne sert à rien. Expérimenter est vital. Ressentir et vibrer, nécessaire.

Pour une fois, je n'ai rien compris. Mais j'ai expérimenté, ressenti et vibré.

Merci l'Eau pour ce chemin initiatique. »

***

Ce matin en me réveillant, j'ai fait un effort, celui de continuer à ne pas chercher à comprendre ce qui s'est passé hier après-midi. J'ai d'ailleurs du mal à accepter qu'il se soit passé quelque chose, d'autant plus que j'ignore ce dont il s'agit. Je ne peux le nommer. Je peux probablement le sentir, mais comme je suis trop dans mon mental, je n'y ai pas accès.

Cette expérience me force à ne rien attendre. À ne pas fixer d'objectif que je ne saurais atteindre. Lorsque nous partons d'un point « A » et que nous désirons aller au point « B », soit nous y arrivons, et nous sommes heureux, soit nous n'y arrivons pas et nous sommes déçus. Mais que veut dire ne pas y être arrivé ? Dès lors que nous partons d'un point, du moment que nous sommes en mouvement, que nous remettons en cause notre stabilité, notre point d'équilibre temporaire, n'est-il pas possible que nous ayons cheminé de notre mieux ? Et si au lieu du point « B » nous arrivons au point « C » ou « X », qu'importe, n'avons-nous pas fait un chemin nécessaire à notre évolution ? Au final, ce chemin, nous ne l'apprécions pas, car nous voulions dans notre tête arriver au point « B ». Or, le point où nous arrivons est parfait. C'est l'endroit de l'expérience, de l'évolution.

Cela fait maintenant douze ans que nous sommes nomades, avec Maude et nos enfants. Nous vivons au gré de nos envies et de ce que nous offre la vie. Notre point de bascule fut celui du voyage en roulotte tractée par deux chevaux de trait. Probablement le plus grand choc pour nous. Je me souviens de la difficulté de sortir du trajet que j'avais décidé de faire. Un certain nombre de kilomètres pour parvenir à un certain endroit. Prendre telle route et pas une autre… Il m'aura fallu un grand nombre d'étapes et d'expériences parfois douloureuses pour comprendre que seul le chemin compte, et non la destination.

Qu'il fut difficile de m'arrêter après seulement quatre kilomètres parce qu'une rencontre l'imposait ! Qu'il fut difficile de tourner à gauche au lieu d'aller tout droit ! Parfois même, rester plutôt que partir était difficile. Ce voyage a duré deux ans et demi, en France, au pas des chevaux, à quatre kilomètres par heure. Nous avons parcouru près de mille deux cents kilomètres. Qu'en reste-t-il ? La destination finale ? Il n'y en a pas eu. Il ne reste que l'expérience. Nous l'avons fait. Nous l'avons vécu, et cela nous a changés à jamais. Un jour, nous avons décidé de modifier notre mode de voyage. Nous avons alors fait l'acquisition d'un bus. Nous avons parcouru plus de kilomètres, plus vite. Dans quel but ? Au final, qu'en reste-t-il ? Uniquement l'expérience. Après trois ans, nous sommes passés du bus à un 4 x 4 avec une tente de toit. Direction la Grèce. Pour y faire quoi ? Nous ne le savions pas, mais il fallait y aller. Pour aller où ? Nous n'en savions rien. À droite, à gauche, sur la piste, au fond d'un champ d'oliviers. Prendre un bateau vers une île, puis une autre, et revenir. Pour faire quoi ? Pour aller où ? Au final, je n'en sais rien. Mais chaque jour, au contact des éléments, nous avons expérimenté la vie qui se joue au jour le jour. Après la Grèce, ce fut le départ pour le Canada. Une expatriation d'une année durant laquelle rien ne s'est passé comme nous l'avions imaginé. Mais nos corps ont expérimenté l'hiver à -40°C, avec un mètre de neige permanente dans le jardin et la rivière qui s'est transformée en autoroute pour motoneige. Nos corps ont aussi connu les nuées de moustiques en été, ceux qui vous assaillent dès que l'on ralentit la marche dans les bois…

Puis nous sommes revenus en France. Il a fallu nous loger, j'ai alors aménagé un poids lourd. En sécurité dans notre petit chez nous, nous étions mobiles, prêts à aller là où la vie nous le demandait.

Depuis 2012, tout ce que nous avons fait a toujours été établi sur un plan matériel, mais aussi un plan subtil. Seulement, il nous a fallu des années pour commencer à apprécier pleinement le chemin. Car se détacher de l'objectif est une chose particulièrement difficile. L'envie, celle qui nous pousse à atteindre un but, n'a aucune autre intention que de nous mettre en mouvement. Lorsque nous sommes en mouvement vers un objectif, nous œuvrons sur un autre plan. Il est alors difficile de sortir de cette perspective qui nous a mis en mouvement. C'est pour moi le point le plus difficile, celui qui fait la différence entre être dans le flux de la vie et tenter de la contrôler.

Se mettre en mouvement, ce n'est rien d'autre que de se jeter dans une rivière. Parfois c'est calme, nous avançons tranquillement, mais parfois il y a la vitesse, les tumultes. Mais comme nous avons un objectif, nous commençons à rentrer en lutte pour l'atteindre. Avez-vous déjà tenté de lutter contre le courant d'une rivière ? Quel est le meilleur moyen ? Se calmer et se laisser porter. Il est probable que nous ayons changé de direction, mais qu'importe. Nous sommes toujours dans le flux, dans le mouvement nécessaire de la vie.

Après une semaine et demie de ce chemin initiatique entamé avec l'eau, j'en suis là. Dans le flux de la rivière, je ne sais pas où je vais, je me laisse « brasser ». Finalement, est-il important que je connaisse mon objectif ? Probablement pas, et c'est ce qui reste le plus difficile. Être en confiance, parce que le chemin est le bon, qu'il est parfait même dans l'adversité.

Par contre, j'apprécie de plus en plus cette joie que me procure la sensation de ne pas savoir ce que me réserve la prochaine session avec l'eau. Ni même de savoir où et quand elle aura lieu. Je sais juste qu'elle aura lieu. Qu'elle sera parfaite. Et qu'elle sera la prochaine marche de cette aventure.

# FONTAINE DE BATAILLÉ

BRANS,
JURA
(FRANCE)

Nous sommes samedi, il est 7 h 00 et je suis déjà bien réveillé malgré la fatigue accumulée cette semaine. Aujourd'hui, c'est repos. J'ai repéré il y a trois jours une fontaine-lavoir comme il semble y en avoir beaucoup dans ce secteur du Jura. Équipé de mon carnet, de mon stylo, relativement bien couvert, je marche avec entrain. Au rythme de la musique joyeuse dans mes oreilles, avec le soleil se levant presque en face de moi, je me dirige vers ce rendez-vous. Je dois avouer qu'il me tarde. J'ai hâte de revenir en conscience à la rencontre de l'eau. Après quelques minutes de marche, je suis enfin à la fontaine Bataillé. Elle se compose de deux bassins, un premier petit bassin d'où s'écoule la source qui alimente un deuxième bassin, plus grand et ovale. Ce dernier, qui ressemble à un ancien lavoir, mesure environ deux mètres cinquante de large pour neuf mètres cinquante de long. Au bout, un trop-plein crée une petite chute d'eau sur une hauteur d'environ cinquante centimètres qui s'écoule dans un ruisseau circulant un peu plus loin. L'ensemble est abrité par une enceinte de pierre qui donne au lieu un aspect presque sacré.

J'éteins la musique, enlève mon casque et touche l'eau. Après avoir fait le tour de la fontaine, je m'assois près de l'entrée, là où jaillit la source.

« Bonjour Eau. Il me tardait de te retrouver, d'avoir ce temps privilégié toi et moi. Neuf jours se sont écoulés depuis notre dernier échange, c'est trop. Mais il m'était difficile de faire mieux. Je suis parti en déplacement en France pour un chantier. Je profite aujourd'hui de ce temps libre pour te retrouver, toi qui es partout ici.

*— L'eau qui coule, court, est tout un symbole. Elle représente le flux ininterrompu de la vie. Vous, les humains, avez voulu maîtriser le flux de la vie. Encore une fois, retenir, faire stagner, gérer le débit de l'eau, c'est empêcher la vie. La luminescence de l'eau, mais aussi de la vie, est dans le mouvement perpétuel. Le changement et l'évolution font partie de la vie.*

*Rien n'est droit, parfait et aligné dans la vie. L'ensemble de ce qui est se compose de courbes, d'aléas, d'écarts, d'intervalles...*

*Le bruit de l'eau qui tombe, qui court, est quelque chose d'extraordinaire. Il se dégage de cet instant une puissante luminescence. Une énergie incroyable, des vibrations, du son, de la lumière.*

*Déplace-toi au bord de la fontaine, installe-toi à côté et écoute, reçois, vibre, et vois avec ton cœur.* »

Je me déplace alors au plus près de l'eau, vers la sortie du lavoir, là où le mouvement de l'eau se fait plus preste. Face au soleil, avec la petite chute d'eau à ma droite, je profite de cette nouvelle vue avant de me replonger dans l'eau.

« En regardant l'eau couler, je ressens de la joie, comme si des centaines de personnes faisaient la fête. Certaines sautent plus haut que d'autres.

Puis je ferme les yeux. Je vois alors une sorte de flux, mais plus lent que le débit de l'eau. Ce sont des tons rouges, le bruit étant parfaitement synchrone. J'ai alors de la joie.

Je ne peux décrire plus ce qu'il se passe. Mais en rouvrant les yeux, j'ai la sensation de revenir de loin, comme en accéléré, avec un léger vertige.

Je change de point de vue et j'observe l'onde de l'eau qui court. Peux-tu m'en parler ?

*— L'eau est la plus belle représentation physique de l'onde de la luminescence de l'eau et de toute chose aussi. Cette onde est perceptible à la surface de l'eau, elle est constamment présente, à chaque instant, à chaque endroit. Si tu pouvais avec tes yeux percevoir la vibration qui entoure cette petite chute d'eau à la sortie de la fontaine, tu serais surpris. Pour la voir, il te faudrait la sentir dans ton corps. Il en va de même pour tout le vivant, au bord d'un arbre, d'une pierre, d'un caillou. Ces ondes portent le message visuel de la vie à chaque instant. Plus on offre à l'eau une place dans nos vies, plus l'eau rayonne.*

*Jusqu'à peu, l'humain s'installait toujours à proximité de l'eau. Il devait se déplacer pour l'utiliser, ce qui l'obligeait à marcher et donc mettre en mouvement son corps et ses cellules, et développer la syntonisation. Puis avec un réservoir, il touchait l'eau pour remplir le contenant et enfin transporter de nouveau à pied l'eau jusqu'à la maison. La conscience de l'eau était présente à chaque instant. La connexion à la vie et au vivant était grande.*

*Petit à petit, le peuple d'Occident s'est déconnecté de l'essence de la vie, de l'eau. Plus d'efforts physiques, de conscience, ni de syntonisation. Alors l'eau n'est devenue que fonction.*

*Comment développer l'accès à la luminescence dans ces conditions ? Il te faudrait plusieurs semaines intenses pour créer de nouveau ce lien et accéder à la luminescence de l'eau. Ce long et lent chemin ne peut se faire sans la conscience, mais surtout sans l'expérience.*

*Plus les gens reviendront au contact de l'eau, en conscience, avec le mouvement corporel qui offre naturellement la syntonisation, plus ils accéderont à la luminescence de l'eau et de toute choses.*

*L'humain est fait pour marcher, pour se déplacer à pied. Au rythme de son corps et de ses capacités. A une vitesse de quatre kilomètres par heure, dans la nature, la syntonisation est à son comble. L'essence de toute chose est omniprésente.*

— Merci. »

Chargé de belles énergies, je reprends le chemin longeant une petite forêt. J'éprouve encore le sentiment d'avoir écrit n'importe quoi, d'avoir couché sur papier des mots qui n'ont aucun sens. Pourtant, cette fois, je prête attention aux énergies que j'ai en moi. Plutôt que d'essayer de comprendre ce que j'ai écrit, de m'en souvenir, de l'analyser avec mon cerveau, je tâche de me concentrer sur ce que j'ai ressenti.

Ce « voyage » au contact de l'eau était puissant. S'il ne devait rester qu'une seule chose, je crois que ce devrait être ça. Les vibrations ressenties au son de l'eau. Les énergies virevoltant à mes côtés. La sensation de l'eau sur ma main. L'humidité restée sur mon pantalon alors que j'étais assis au sol.

Oui, je vais tâcher de ne garder que cela. Je m'attellerai à la cohérence de ce que j'ai écrit sur mon carnet lorsque ce sera le moment. Il paraît que seule l'expérience compte. Une chose est sûre, j'ai expérimenté avec joie, mais aussi avec le courage de le faire. Qui sait ce que me réserve la prochaine session ?

# SOURCE DU LISON

## NANS-SOUS-SAINTE-ANNE, DOUBS (FRANCE)

En ce dimanche matin, des amis m'ont proposé une balade que je ne pouvais refuser. Direction la source du Lison, à environ une heure d'où je réside. J'ai bien sûr pris avec moi mon carnet, mon stylo, en espérant pouvoir profiter d'un moment privilégié avec l'eau…

C'est un festival en moi. J'ai cette envie pressante de me connecter à l'eau. Non pas pour écrire sur mon cahier et accumuler des mots pour ce livre. Non, pour la simple joie que me donne l'idée d'être en contact avec l'eau au milieu de la nature.

En cette mi-mars, l'eau est abondante dans le Jura. À peine garés sur le parking, nous traversons un pont et apercevons la chute d'eau de la source du Lison. Mais d'abord, direction la grotte en longeant une petite rivière. Les couleurs verdâtres, la mousse, l'humidité, tout invite à ressentir, à vibrer. Au contact de l'eau, en l'observant, en l'entendant, je ressens de la joie. Dans la grotte, la pénombre invite à la présence à soi. En suivant le son de l'eau, je trouve un endroit où l'eau prend la direction de l'extérieur. Pieds nus, la température de l'eau me saisit vite… C'est magique. En sortant de la grotte, mon crâne heurte une pierre… Je suis un peu sonné. Une invitation à rester présent à soi. Le contact avec la source du Lison un peu plus loin et avec son impressionnante chute d'eau est à la fois bruyant et puissant. Ici, le débit d'eau est de 30 m3 par seconde… Je me sens tout petit et pleinement connecté à l'« ici et maintenant ». L'eau a cette faculté de tout dominer, que ce soit avec douceur ou violence, la pierre aussi bien que les végétaux… Quel spectacle majestueux !

Puis, quelques centaines de mètres plus loin, nous

descendons dans le « creux de billard », une sorte de trou de plusieurs dizaines de mètres de profondeur, au fond duquel il y a encore de l'eau. La descente sur les pierres glissantes oblige à la présence à soi, et invite également à une immersion à l'intérieur de soi. Une fois en bas, je me sens à nouveau petit et puissant à la fois. Comme faisant partie d'un grand tout. Invité à faire preuve d'humilité face à cette nature qui a mis plusieurs dizaines de milliers d'années à former le paysage ici présent. Qui suis-je, moi, petit humain pour me sentir au-dessus de tout cela ? Du haut de mes trente-huit ans, que sais-je de la vie ? Bien sûr, j'ai vécu des expériences. Bien sûr, j'ai évolué. Mais face au spectacle devant moi, que sais-je vraiment de ce qui est ? Nous poursuivons cette balade en direction du grand chêne. Au pied de ce majestueux arbre de près de trois cents ans, il y a de nombreux enseignements à tirer. En nous tenant la main, à cinq personnes, nous réussissons à faire le tour de cet arbre de cinq mètres cinquante de circonférence. Au contact du chêne, l'invitation est clairement l'ancrage. Et là encore, quel respect nous devons à la nature. Ici, les seules disharmonies sont celle de l'humain, de ces chemins, pancartes, bancs…

Il est temps maintenant de retourner auprès du petit cours d'eau. Je le sens. C'est là-bas que je vais me poser pour me connecter à l'eau…


« Quelle rencontre avec l'eau aujourd'hui ! Sources, grotte, ruisseau, cascade, rivière… J'étais connecté à l'eau sous toutes ses formes. J'ai couru pour revenir ici et retrouver ce lien dans un endroit merveilleux, bien qu'il y ait un peu de monde sur le chemin derrière moi. Je suis ici, maintenant à t'écouter, à te voir, à te sentir.

— *Il y a tout un monde ici à tes côtés. Il vibre, il virevolte dans les arbres, sur l'eau, sur les rochers. Une ville entière cohabite en harmonie. Remplie d'habitants, bien plus nombreux que dans les endroits les plus peuplés d'humains sur terre. Mais ici pas de limites, pas de frontière. Chacun EST et chacun est UN.*
*La luminescence de l'eau est en harmonie parfaite avec ce tout. C'est sur le plan de la luminescence que tout s'harmonise. La syntonisation est la clé, toujours. Prends un temps de respiration et de centrage, et accueille ce qui est, avec le cœur.*

— Je sens que j'ai du mal à être présent. Mes pensées fusent dans tous les sens.
Qu'est-il important que je retienne de cette journée auprès de l'eau ? Quel est ton message ?

— *L'émerveillement, la patience, l'endurance. Être à sa place. Ici, tu as vu l'humain qui n'a cessé de m'étudier pour me comprendre. Tu sais maintenant que comprendre ne sert à rien. Dans cet environnement, l'humain est à sa place, il est un parmi les éléments. Lorsqu'il se connecte au beau, au grand, son cœur s'ouvre et l'espace d'un instant, la luminescence opère. Il dira qu'il se sent bien, reposé, ressourcé. Il fait l'expérience du grand tout. Voici des clés à emporter avec toi. Vivre l'émerveillement, c'est se connecter à la luminescence. Nombre de personnes que vous qualifiez d'handicapés, de limités mentalement, possèdent une puissante connexion à la luminescence. Si vous aviez conscience de ce que ces personnes vous offrent, cela rendrait tout un chacun jaloux. Peut-être même que c'est vous qui vous sentiriez handicapé.*

*Tout comme celui qui n'accède pas à la luminescence, celui qui perd sa joie, son insouciance et surtout, l'émerveillement de ce qui est.*
*Là est la puissance de la luminescence.*

*Aujourd'hui, au bord de l'eau, tu as ri et eu l'enthousiasme d'un enfant. Ton cœur était ouvert et perméable à la lumière. Ton énergie était puissante et forte. Aujourd'hui plus que jamais, tu étais connecté à la luminescence de l'eau. Voilà ce que ton corps retiendra de cette journée. Emporte cela avec toi et recrée cette connexion magique.*

– Merci pour cette session et cette journée. »

***

Aujourd'hui, cela fait un mois que j'ai démarré cette expérience d'écriture au contact de l'eau. Je n'ai peut-être pas fait tout ce que je souhaitais dans ma tête, mais une chose est sûre, je sens déjà que j'ai cheminé. Il y a une différence fondamentale entre mes premières sessions et aujourd'hui. Je ne cherche plus à comprendre, ni à forcer ce qui est. Je prends le temps de ressentir et vibrer, le temps d'expérimenter.

Cette semaine, j'ai tenté de faire des « sessions » par deux fois. La première au bord d'une grosse rivière légèrement en crue. Posé dans un parc en ville, j'étais prêt, mon cahier à la main. Seulement, à côté de moi, un groupe de personnes avec des chiens venait de s'installer également. Les cris, les ordres parfois très grossiers, les énergies fluctuantes m'ont empêché de faire de ce moment une session où j'aurais pu contacter l'eau. Et pourtant. Je me suis posé, j'ai fermé les yeux. J'ai fait abstraction un court instant de mon environnement pour pouvoir me centrer. Les yeux fermés, au bord de l'eau, j'ai été inondé par la lumière provenant du reflet du soleil sur l'eau. C'était littéralement éblouissant, même les yeux fermés. C'était un moment de connexion…

Il y a trois jours, ici en Espagne, nous sommes allés en famille passer une journée au bord de la mer. Nous avons passé un premier moment dans une crique isolée, le temps de se tremper, de manger. Seuls au milieu des éléments, nous étions heureux. La joie, la simplicité, le rire. C'est donc ça aussi la luminescence de l'eau. Rendre mon cœur perméable. J'avais pris mon carnet de notes, je l'ai laissé dans mon sac. Ce moment entre l'eau et moi est resté privé, suspendu dans l'instant.

Après quelques temps passés dans cette crique, nous sommes allés sur la plage. Avec mes trois enfants, nous nous sommes baignés. On a joué, crié, rigolé. On s'est fait secouer par les rouleaux. On s'est amusés avec les éléments. Nos corps ont expérimenté. Equipé de lunettes, je prenais par moment le temps d'observer le mouvement des vagues. En immersion totale.

Qu'est-il resté de cette journée ? La joie, le plaisir, l'instant. La connexion au grand tout, mais surtout cette unité, le bonheur d'être avec ma famille ici. Je n'ai pas eu besoin d'écouter l'eau pour sentir, vibrer, expérimenter. Non, ici en famille, en cet instant, la luminescence de l'eau nous a traversés. Nous avons communié avec. Nous n'avions rien cherché à provoquer, à comprendre. Nous avons expérimenté.

Comment le sais-je ? C'était écrit sur nos visages, dans nos cœurs, dans nos rires. C'était présent dans les moments de contemplation, et à tous ces instants où nous avons été émerveillés par les paysages se déroulant sous nos yeux et dans nos cœurs. Aucun besoin d'avoir une validation extérieure. Non, la luminescence est définitivement quelque chose qui s'expérimente et qui, d'après moi, est propre à chacun.

Finalement, depuis ces douze années où nous voyageons, au rythme de nos envies, de nos idées parfois sorties de nulle part, je suis en train de comprendre que ce qui m'importe est la recherche de l'émerveillement. Ne pas s'endormir sur une routine, certes confortable, mais d'où nous ne retirons plus aucune joie. Je me souviens qu'au début de notre voyage en roulotte, Maude prenait beaucoup de photos (c'est toujours vrai aujourd'hui). Nous étions dans des lieux que nous pourrions qualifier de quelconques, mais pour nous c'était le paysage du jour. Nous le regardions avec les yeux de l'émerveillement. Lorsque nous écrivions nos articles sur notre blog, des gens locaux nous disaient parfois redécouvrir le lieu dans lequel ils vivaient pourtant depuis toujours. Nous avions le regard enchanté, celui qui communie avec le lieu où nous nous trouvons, ici et maintenant.

Tout n'est pas qu'émerveillement dans notre quotidien. Parfois il y a des difficultés. J'ai toutefois cette sensation, après ces années passées en mouvement, que l'effort, pour accéder à une part de cadeau, est nécessaire. Pouvons-nous apprécier le soleil sans la pluie ? Pouvons-nous apprécier le chaud sans le froid ? Et la peur sans la joie ? La vie semble toujours récompenser les audacieux.

Dans nos vies occidentales, nous lissons tous les dangers, cherchons du confort à tout prix. Y compris au prix de l'émerveillement. De la surprise, de la joie, de la magie… Petit à petit, cette vie nous rend inconscients. En voulant se prémunir de ce qui pourrait arriver, on se coupe de l'émerveillement, de la joie. Nous devenons l'ombre de nous-mêmes.

J'ai peur. J'ai peur quand on se remet en mouvement, lorsque je déplace mon camion. J'ai peur parfois quand j'arrive quelque part. Peur de ce qu'il pourrait arriver… Ne nous y trompons pas, la peur invite à ralentir. La peur invite à plus de clarté. La peur invite à la prudence. Jamais la peur ne doit nous bloquer. Comme le dit si bien l'eau, « *si nous interrompons le flux, alors nous bloquons la vie* ».

Même si c'est difficile, je continuerai à remettre en

cause ma stabilité, ce que j'ai acquis, le matériel que je possède pour aller à la rencontre de l'émerveillement. Vivre simplement, mais avec un cœur perméable à la luminescence de l'eau et de toute chose. Continuer ce chemin vers la nature car je fais partie de ce grand tout.

Et maintenant ? Maintenant je continue ce voyage à la rencontre de l'eau, car sens qu'il n'est pas encore fini. J'ai hâte de savoir quelle sera la suite et ce que je vais découvrir. C'est dans cette magie que se glissent les pétillements de la vie.

# GRAND ÉTANG DE GALLIFA

SANT BOÏ LLUÇANES
CATALOGNE,
(ESPAGNE)

« J'ai pris de la hauteur sur ce petit étang, bien que ce soit le plus grand de la propriété. Nous sommes en famille. Une première pour une session d'écriture avec l'eau. Les enfants et Maude pratiquent la pêche, et les chiens vivent leur vie tranquille autour.

*— Ce que tu vois n'est pas ce que tu vois, contrairement à ce que tu sens et ressens qui correspond vraiment à ta propre perception. Vos yeux humains ne reflètent pas la réalité de ce qui est. Vos yeux offrent un fragment accessible de la situation. Par contre, votre corps, lui, est en capacité de tout percevoir. Encore faut-il lui laisser la place de le faire. Vous ne prenez plus le temps de rien. Les animaux sont parfois prestes, parfois dans l'urgence, mais ils savent prendre le temps. Prendre le temps, c'est laisser à son corps la capacité de capter ce qui doit être capté. C'est entendre ce qui doit l'être.*

— Au cours de nos différentes sessions, j'ai appris de toi, tu m'as délivré de nombreux messages. Mais peux-tu me parler de toi ?

*— Je l'ai fait à chaque fois. Je t'ai systématiquement délivré des parts de moi, de qui je suis. Seulement très peu avec des mots humains. À chaque fois que je t'ai demandé de ressentir, de vibrer. À chaque fois que tu t'es ouvert à la luminescence de l'eau, j'ai partagé directement dans ton cœur l'essence de qui je suis.*

*De la même manière, à chaque fois que ton cœur est devenu perméable à la lumière, il a laissé le monde profiter de la tienne.*

*Rien n'est à sens unique. C'est une croyance humaine. On donne et on reçoit en même temps.*

*Et toi, qu'as-tu retenu de nos échanges ?*

— Que comprendre ne sert à rien. Que vivre, ressentir, et expérimenter est essentiel. Que la joie et l'émerveillement sont des clés. Des clés pour rendre nos cœurs perméables à la lumière.

Que pour accéder à la luminescence de l'eau, il ne fallait pas la chercher, mais la vivre.

Que nous sommes UN.

Que beaucoup de choses ne se sont pas passées dans mes écrits, mais dans mes ressentis…

Merci. »

Bien que cette session ait été plus courte que d'habitude, il était important pour moi de la faire, même si je n'étais pas centré sur l'eau uniquement. C'était une session dans le flux de la vie.

Elle m'ouvre ce champ des possibles. Oui, je peux être en lien avec la luminescence de l'eau, même si je ne suis pas entièrement disponible pour elle. La luminescence me traverse tout le temps, à condition que je puisse en avoir conscience. À condition que je laisse à mon corps la possibilité de la vivre.

Au fil du temps qui passe, je ressens l'importance du déphasage entre ce qui se passe dans le corps et les compréhensions mentale et consciente que je peux en tirer. Cela me renvoie à une expérience que j'ai vécue avec Maude il y a de nombreuses années maintenant. C'était entre notre voyage en roulotte et notre voyage avec notre bus. Durant près de deux ans et demi, avec notre roulotte, nos enfants et nos animaux, nous avons vécu au rythme de la vie, au rythme de l'homme. Nous allions au rythme du pas. À quatre kilomètres par heure. Et puis, un jour, nous avons acheté un bus. Nous avons fait cette transition, passant d'une vie au pas à une vie faite de déplacements rapides. En roulotte, nous faisions entre quatre et douze kilomètres par jour. Puis nous avons démarré le bus. En l'espace de quelques semaines, nous avons parcouru plusieurs centaines de kilomètres, parfois trois cents par jour. Avec une moyenne de soixante kilomètres par heure.

À un moment, nous avons pris conscience que notre âme ne voyageait pas aussi vite que notre corps physique. C'est du moins, à ce moment, l'impression que nous avions. Avec le recul aujourd'hui, j'ai plutôt la sensation que nous ne laissions plus le temps à notre corps d'assimiler les énergies et les informations traversées, ni de transmettre ces informations à notre conscience. Car si nos yeux ne perçoivent qu'un fragment de notre réalité, le corps, lui, en perçoit la totalité. Notre conscience n'a pas besoin de recevoir l'ensemble des informations que notre corps capte, c'est certain, mais nous avons besoin d'être en phase avec ce que notre corps perçoit. Je dirais qu'il est essentiel de nous mettre en syntonisation avec.

Quelques années auparavant, alors que je travaillais sur la compréhension du système émotionnel, j'avais lu, à ma grande surprise, que nos yeux étaient reliés par dix canaux au cerveau. Seuls deux canaux partent de l'œil en direction du cerveau pour huit qui partent du cerveau vers les yeux. C'est bien notre cerveau qui construit l'image que nous voyons. Tout ceci me revient en mémoire en écrivant ces lignes et me renvoie directement à la possibilité de « voir avec le cœur ». De ressentir avec notre corps.

C'est un apprentissage nouveau. Suis-je en capacité de mettre des mots sur ce que je vis, ce que je perçois, ce que je ressens ? Bien que les mots soient puissants, ils sont puissants dans la signature vibratoire qu'ils portent. Mais si nous pouvions directement nous ouvrir à cette signature vibratoire, en aurions-nous une compréhension mentale ou physique ?

Parfois, en parlant, je touche une vérité. Je le sais car à cet instant précis tout mon corps émet un signal, une sorte de vibration particulière. J'ai mis du temps à y accorder de la valeur, mais c'est un moment où les mots sont bien pauvres au regard de ce que mon corps perçoit et émet.

Maude parfois me dit « Lorsque tu racontes quelque chose, tu le rends toujours intéressant, même si l'histoire ne l'est pas ». On a aussi dit de moi que j'étais un vendeur, que je pouvais amener n'importe qui n'importe où. Aujourd'hui, et encore plus après toutes ces sessions, j'ai conscience du fait que je parviens assez naturellement à me connecter à une puissance plus grande. Je ne parle pas avec des mots, je parle avec ma vibration. Je me connecte à mon essence. Dorénavant j'ai l'image de la perméabilité de mon cœur.

Les gens m'ont trouvé bon vendeur, mais jamais mes patrons lorsque dans une autre vie ce fut mon métier. Je ne suis pas un bon vendeur, je suis un passionné. Lorsque je m'exprime avec passion, je sens une profonde joie intérieure monter en moi. Mon cœur devient alors perméable à la lumière. Je suis connecté à la luminescence de ce qui est, mais mon corps passe également en émission. J'offre au monde ma luminescence. Les mots sont bien pauvres eu égard à ce que je partage.

Grâce aux travaux d'Albert Fritz Popp sur les biophotons et le fait que nous sommes des êtres de lumière, je fais aujourd'hui ce pont avec la luminescence de l'eau. Tous ces enseignements reçus jusqu'à ce jour ne sont en réalité rien d'autre que de la lumière. Cette lumière forte et puissance qui est en chacun de nous et tout autour de nous, en chaque chose. Cette lumière que je laisse entrer en moi et en même temps sortir de moi. Bloquer ce processus, c'est tuer la vie petit à petit. Fermer mon cœur, c'est l'atrophier. Et cette atrophie est à double sens. Je m'atrophie moi, en me bloquant à ce qui est, et j'atrophie le monde en n'offrant pas ma lumière.

Si je suis ici et maintenant, c'est parce qu'ici et maintenant le monde a besoin de ma lumière.

Le matin, lorsque les premiers rayons du soleil nous touchent, nous posons-nous la question de ce qui est ? Non, la lumière émanant du soleil nous irradie. En physique quantique, il est un fait que l'infiniment grand est contenu dans l'infiniment petit. Aussi je suis un soleil. Aussi chaque cellule de mon corps est un soleil dans le soleil. Le matin, je me dois d'offrir ma lumière. Je me dois de la mettre au service de l'UN. Car en la mettant au service du UN je la mets à mon propre service tout en l'offrant.

Ce que j'ai expérimenté en m'ouvrant à la luminescence de l'eau c'est que ce que j'ai reçu n'a pas été pris aux autres. Ce que j'ai reçu, d'autres ont pu le recevoir au même moment. De la même manière, lorsque j'offre au monde ma lumière, elle ne m'amoindrit pas. Ce n'est pas au détriment de qui je suis. Non, la luminescence de toute chose est exponentielle et disponible pour tout un chacun qui s'y connecte.

En introduction de ce livre, j'ai partagé l'expérience que j'ai réalisée avec cent personnes placées en cercles concentriques autour de l'eau. Lorsque nous donnons un fragment de qui nous sommes, lorsque nous donnons un fragment d'amour et d'attention envers la vie, nous recevons cent pour cent de ce même fragment envoyé. L'amour et la lumière semblent exponentiels.

Le monde matérialiste qui nous est enseigné est un monde où lorsque quelqu'un gagne, c'est au détriment d'un autre. Le monde de la luminescence est un monde où lorsque quelqu'un gagne, un ou plusieurs autres ont accès instantanément à cette victoire. C'est un monde dans lequel le UN l'emportera toujours.

Peut-être que tout ce que je raconte ici est utopiste. Que, comme certains le pensent, je vis dans un monde de bisounours. Mais croire en cette réalité, la vivre, en faire l'expérience et la partager rendra mon cœur de plus en plus perméable à la lumière, et lui permettra ainsi un plus grand partage de ma lumière.

J'ai encore beaucoup à apprendre. Le chemin est ce qu'il est. Je m'en remets maintenant à plus grand.

# CALA MORISCA

CANYELLES,
CATALOGNE
(ESPAGNE)

« J'ai toujours pensé que voir de belles choses se mérite. Je ne parle pas de mérite au sens sociétal, mais au sens du dépassement. Nous sommes arrivés ce matin dans une petite crique, la Cala Morisca. Un kilomètre de chemin escarpé pour arriver seul face à la mer. Ici, je te sens forte et puissante. Encore un endroit qui invite à l'humilité. Bien qu'elle soit située sur la Costa Brava, cette crique n'offre aucune vue sur une construction bétonnée. J'ai face à moi seulement de petites falaises escarpées et la mer à perte de vue.

Bonjour Eau. Je suis heureux d'ouvrir cette session avec toi.

*— L'harmonie, en voilà une chose difficile pour l'être humain. L'harmonie est la clé. Je veux vous dire, à tous, que c'est quelque chose que je porte en mon sein. L'harmonie est une proposition de miracle qui s'offre à vous.*

*Dans mes fonctions, vous trouverez ma capacité de transmission d'informations, mais si vous vous connectez à ma luminescence, vous trouverez l'Harmonie. L'Harmonie, la Paix et l'Amour.*

*À chaque fois que vous vous serez au contact de l'eau, vous aurez l'opportunité à chaque instant de faire l'expérience de l'Harmonie, la Paix et l'Amour.*

*Buvez un verre d'eau en conscience, et faites cette expérience d'écouter le message que je délivre à vos cellules. Un message d'Harmonie, de Paix et d'Amour. Mettez vos pieds dans l'eau, et écoutez le message que je délivre à votre corps. Un message d'Harmonie, de Paix et d'Amour.*

*À travers ces quelques heures passées en conscience à m'écouter, je n'ai eu de cesse que de t'offrir Harmonie, Paix et Amour. L'humain ne m'écoute pas. Il m'observe, il m'étudie, il m'utilise.*

*Il n'écoute pas le message que j'offre à chaque instant.*

*Il est plus aisé de percevoir l'harmonie, la Paix et l'Amour dans le calme, dans le beau que dans le chaos. Pourtant, il y a également une forme d'harmonie, de Paix et d'Amour dans le chaos. L'Harmonie, la Paix et l'Amour, c'est l'état « 0 ». Celui d'où l'on vient et d'où l'on part. Celui qui EST à chaque instant. Se connecter à la luminescence de l'eau à travers son corps, c'est retrouver l'état « 0 ».*

— Il me vient à l'esprit l'image de l'œil du cyclone au centre de la tornade. C'est je pense la meilleure analogie de l'harmonie, la Paix et l'Amour au milieux du chaos. Après avoir intériorisé cela, les yeux fermés, avec la lumière, l'eau, l'air et la pierre comme compagnie, je ressens un grand calme intérieur. Je crois que je n'ai pas envie de plus pour aujourd'hui. Merci.

— *Merci à toi d'être venu à ma rencontre encore une fois, de m'écouter avec ton corps et ton cœur plus que ta raison. Je suis en toi et en chacun de vous, connectée en permanence à l'un et à l'autre. Nous sommes UN, ne l'oubliez pas. »*

Encore un beau message délivré. Deux jours me séparent de cette session et du moment ou j'écris ces lignes. J'ai pourtant l'impression qu'il s'est écoulé un mois. Je crois que j'ai eu besoin de vivre le chaos pour comprendre dans mon corps la paix et l'harmonie. Pour être honnête, je n'en prends conscience que maintenant. Sur le moment, dans le chaos, je n'ai pas eu les capacités de trouver l'harmonie dans la situation. Ma tête le savait, mais pas mon corps. Toutes ces sessions résumées à la retranscription de quelques mots griffonnés sur un cahier sont bien pauvres en comparaison avec la richesse des transformations intérieures qu'elles provoquent.

Je tâche de ne jamais prêter attention aux changements en cours pour ne pas influencer ma vision de ce qui est. Pour ne pas nourrir mon ego en lui laissant croire que la magie est en train d'opérer grâce à lui. Plus je laisse aller, plus la magie est là. Moins je contrôle ce qui est, plus tout est fluide.

Les jours avançant, je suis moins en capacité de voir clair dans ce que sera la suite de nos aventures familiales nomade. Pourtant, depuis douze ans, nous enchaînons les projets les uns après les autres. Il me semble que plus nous cheminons, moins nous savons où nous allons. Mais n'est-ce pas là le meilleur dessein pour vivre pleinement ce qui est ?

En revanche, il est plus délicat, voire difficile de le faire dans le calme intérieur. Ces sessions avec l'eau m'ont appris que je devais suivre le flux. Est-ce que les molécules d'eau se posent la question de savoir où elles vont ? Se demandent-elles si le prochain virage débouchera sur une chute d'eau ou sur le calme d'un lac ? Lorsque l'on observe les animaux, on a la sensation qu'ils « savent » ce qu'ils doivent faire. Ils sont dans l'instant. Ils disposent d'une clarté qui semble nous faire défaut.

Laisser être ce qui doit n'est pas en opposition avec le fait d'imaginer des « futurs possibles ». C'est lorsque le futur que nous avons imaginé ne peut pas se réaliser que les choses deviennent problématiques. La panique nous guette. Pire encore, cela nous conduit parfois à agir dans le seul et unique but de réaliser ce que nous avions imaginé, comme nous l'avions imaginé. S'il l'on n'y arrive pas, le sentiment d'échec devient plus présent.

    Je découvre de façon plus précise comment trouver la quiétude dans ce qui doit être. Y compris au milieu du chaos. Je n'y arrive pas encore. Au milieu du chaos, je me répète toujours que c'est pour le mieux, qu'il y a un cadeau dans la situation sans que cela n'améliore grandement mon état. Il est vrai toutefois que j'ai développé cette capacité à vite aller de l'avant. À pouvoir changer mes plans pour coller au mieux à ce que la vie m'offre à chaque instant. Mais je sais qu'un jour, j'arriverai à ressentir du calme dans le chaos. Et je sais également que cela dépend uniquement de moi.

# PETIT ÉTANG DE GALLIFA

## SANT BOÏ DE LLUÇANES,
CATALOGNE
(ESPAGNE)

« Bonjour Eau. Tu as été très présente avec moi ces derniers jours. J'ai parlé de toi, de nos échanges et de ce livre à plusieurs reprises.

J'observe en moi des changements. Un plus grand calme malgré la tourmente du moment. Je suis heureux de ce que nous partageons et de ce lien qui s'est créé en conscience. Pour tout cela je souhaite profondément te remercier.

— *Les liens avec le vivant sont indéfectibles. Ils sont soit conscients soit pas. Nous ne pouvons pas être coupés les uns des autres car nous ne sommes qu'UN.*
*C'est la recherche de l'harmonie qu'il est important de trouver en soi. Il y a harmonie à travers la luminescence de l'eau.*
*Pour vous humains, c'est votre corps qui vous offre l'harmonie avec le grand tout. C'est lui qui possède la clé de la luminescence. Rendre son cœur perméable à la lumière, c'est offrir à son corps de vivre l'expérience de la luminescence. Bien évidemment, vous ne «comprendrez» rien. Mais quel est l'intérêt de comprendre ?*
*Cela fait plusieurs semaines maintenant que nous vivons des expériences tout les deux, as-tu compris ce qu'il s'est passé ?*

— Non, clairement pas.

— *Peux-tu parler de tes ressentis ?*

— Bien sûr. De manière globale, je me sens plus calme, plus aligné. Je me sens plus lumineux également. Je vis de nombreuses expériences, des cadeaux de la vie en ce moment, malgré les tourments de la période. J'œuvre avec le grand tout et je suis encore plus confiant.

J'ai eu la possibilité à de nombreuses reprises, de m'exprimer en conscience à travers ma luminescence. Et c'est beau. Merci pour cela. Sans le comprendre, et sans changement majeur, je sens que ces dernières semaines m'ont transformé.

*— Il n'y a là rien à comprendre mais tout à observer. C'est l'expérience de la luminescence. Je le rappelle, la luminescence est le langage universel. C'est le langage de la lumière et du UN. C'est la source.*

*En conscience, tu t'y connectes de plus en plus. Ton cœur est plus ouvert à la lumière. De plus en plus tu laisses cette perméabilité de la lumière apparaître. Et c'est beau. Es-tu différent ? Oui et non !*

— Merci pour cela. Merci d'être. Je suis heureux de t'écouter en conscience, sans chercher à comprendre. Je suis heureux de ce qui est et c'est beau.

Ces derniers jours, j'ai eu de la joie quotidiennement à te voir courir ici à Gallifa. Les mares se sont remplies et l'eau coule tranquillement. Je suis assis à côté de ce petit filet d'eau, bercé par le chant des oiseaux et je goûte à cet instant.

*— Harmonie, Paix et Amour. Ce sont les clés de la luminescence. Cela se vit, s'exprime dans votre corps et non dans votre tête. Dans vos cellules et non dans vos paroles.*

*Vivez la luminescence et alors vous serez Harmonie, Paix et Amour. Ne cherchez pas à le parler, à le comprendre. Cela ne peut être que des conséquences de l'expérience de la luminescence.*

*Trouvez dans votre corps un lien avec la luminescence de toute chose, cet espace de calme, de Paix et d'Harmonie.*

*Il est plus évident dans la nature car c'est un état naturel. Accolez-vous à un arbre, observez un insecte, touchez de l'eau. Écoutez la nature. Et alors trouvez cet espace de calme. Cette quiétude.*

*Vivez la joie et l'amour. Vivez l'émerveillement et vous ferez l'expérience de la luminescence.*
*Après une joie profonde, il y a le calme.*
*Buvez en conscience un verre d'eau et vous sentirez le calme et la joie en vous. Suivez ce chemin de l'eau dans vos cellules, ne cherchez pas à comprendre, mais ressentez, vivez, vibrez et expérimentez.*

— Merci. »

Ces dernières semaines, je sens que tout a changé, sans que je n'aie rien changé. C'est assez paradoxal. C'est la puissance de l'eau. Vous savez, j'ai cette image de l'eau qui, goutte après goutte, est capable de creuser un canyon ou de créer des stalactites de plusieurs mètres. En observant le phénomène, nous ne voyons rien sur l'instant. Pourtant si l'on revient quelques mois, quelques années après, les changements sont bien visibles.

Lorsque je me mets à côté d'un arbre, est-ce que je le vois grandir, s'épaissir ? Non. Pourtant il se passe des choses incroyables à chaque instant.

De tout ce que je vis grâce à cette expérience de la luminescence de l'eau, ma plus grande difficulté a été de « ne pas comprendre ». Ne rien chercher à comprendre, ne rien chercher à expliquer. Mais tout vivre, tout ressentir. Et observer des changements, d'abord imperceptibles, mais finalement tellement grands et puissants qu'ils deviennent une réalité. Dans notre société occidentale, nous n'accordons que peu de crédit à ce qui se joue lentement, sûrement, profondément et durablement. Nous sommes arrivés dans une société de l'exceptionnel et du jetable. Pourtant, c'est parce qu'à chaque instant les processus de la vie opèrent que tout devient possible. La nature nous l'apprend chaque jour. Au moment où j'écris ces lignes, c'est le printemps. C'est probablement l'une des saisons que je préfère, et de loin la plus marquante quant à l'activité de la nature. Se balader jour après jour en forêt comme je le fais ici presque quotidiennement, en cette saison de printemps m'offre des bruits, des odeurs, des couleurs nouvelles à chaque instant. Je ne peux pas le voir. Je ne peux pas le comprendre. Mais je peux observer chaque jour que cette nature dans laquelle je me balade est en mouvement constant. Les paysages sont plus verts, les arbres bourgeonnent, les haies se remplissent de fleurs. Les insectes s'activent. Puis d'un coup, au loin, nous percevons les première feuilles des chênes. Tout d'abord très fines, petites et vert tendre. En l'espace de quelques jours, elles vont atteindre leur taille « adulte » et arborer un vert puissant. En un instant, la forêt en face de moi, alors clairsemée d'arbres sans feuilles au milieu de quelques pins vert, arborera une palette de couleurs vertes.

Je crois que c'est cela qui s'opère en moi lorsque je m'ouvre quasiment quotidiennement à la luminescence de l'eau. Que je deviens plus conscient. Que je développe ma gratitude, que j'envoie dès que je le peux de l'amour autour de moi. Et comme pour la nature, sans rien attendre en retour.

Attendre un retour extérieur est un leurre. Imaginez un seul instant que l'arbre en face de moi doive, pour pousser, pour développer son feuillage, attendre une validation de ma part. Ce serait assez drôle. Cela pourrait presque faire l'objet d'un livre ! Cet arbre attendrait que je lui dise qu'il est incroyable, alors il pousserait un peu. Puis il attendrait que je lui dise qu'il est beau, alors il se sentirait bien et pousserait un peu plus. Puis, parce qu'un jour je serais occupé à autre chose, il se pencherait, espérant de tout son être (même si c'est un chêne !) que je lui accorde une attention. Enfin, un jour, je trouverais que sa couleur n'est pas la meilleure à mon goût. Il perdrait ses feuilles. Son essence. Qui il est.

Nous n'avons rien à comprendre, ni rien à attendre des autres. Nous nous devons d'offrir au monde à chaque instant la plus belle version de nous-même. Nous sommes ici pour vivre un ensemble d'expériences qui n'ont pour but que de nous faire ressentir, et vibrer qui nous sommes. Qui n'ont aucun autre objectif que de libérer la lumière qui est en nous. De nous faire sentir à chaque instant que nous sommes UN.

Aussi ces dernières semaines je me suis attelé à vivre et ressentir, à aller chercher l'Harmonie et la Paix dont parle l'eau. En ne perdant pas de temps et d'énergie à tenter de comprendre ce qui est, j'ai alors pu offrir ce temps et cette énergie à mon être pour vivre, vibrer et ressentir. Les expériences sont les choses les plus puissantes que nous pouvons vivre. Elle se passent dans nos corps. Jamais dans nos têtes.

J'ai lu un livre très récemment sur la méthode

HO'Oponopono du Dr Hew Len. Un passage m'a profondément touché car il résume à lui seul ce que l'eau m'a répété durant des semaines, au sujet du fait que comprendre ne sert à rien. À chaque seconde, la part consciente de l'esprit ne peut capter que quinze parcelle d'informations sur les quinze millions disponibles !

Cette simple phrase est venue sceller en moi à quel point comprendre ne sert à rien. En tentant de comprendre, finalement je ne comprendrais qu'un millionième de ce qu'il s'est réellement passé !

Au cours de ma session dans les Gorges de Galamus, voici ce que l'eau m'avait révélé sur la notion de compréhension :

« *Les pourquoi appartiennent à la sémantique de la compréhension, et comprendre n'est pas utile. Expérimenter est vital. Ressentir et vibrer, c'est essentiel. Comprendre, on peut s'en passer. Pour comprendre, on simplifie, alors on réduit le champ de l'expérience, on crée des limites, des lois, des cases. Et enfin à l'intérieur de tout cela, on peut comprendre.*

*Or, sans le ressenti, sans l'expérience, sans la vibration, nous coupons la compréhension de liens complexes que contient La Vie.* »

Pour comprendre, on simplifie. À la lumière de cette nouvelle information, nous pouvons même dire que l'on fait plus que simplifier. Ne tenir compte que d'une seule parcelle d'information sur un million, c'est une sacrée simplification ! Alors que le corps, lui, est capable à chaque instant de traiter ces millions de parcelles d'informations qui affluent en permanence. Nous devrions lui prêter beaucoup plus attention.

Notre corps reste notre meilleur allié pour l'expérimentation dans la matière que nous sommes venus vivre ici. J'ai la pleine croyance que notre monde est fait de bien plus de dimensions que les dimensions physiques. Mais il est clair que nous sommes venus expérimenter cela de façon concrète. Notre corps est la plus belle expérimentation de la matière que nous puissions vivre. C'est à travers lui que tout se passe.

Que restera-t-il de cela ? Je n'en sais rien et je crois que je m'en fiche. Mais j'aurai expérimenté ici et maintenant tout cela dans mon corps et dans chacune de mes cellules. La suite continue à s'écrire, un pas après l'autre.

# LE LONG DU RUISSEAU, GALLIFA

## SANT BOÏ DE LLUÇANES, CATALOGNE
### (ESPAGNE)

« Il pleut beaucoup depuis plusieurs jours et l'eau coule de nouveau ici. Je crois que pour moi, il n'y a rien de plus apaisant que le doux son de l'eau qui coule, qui ruisselle et forme de magnifiques petites cascades.

Notre dernière session remonte à un peu plus de quinze jours. Celle-ci sera la dernière en Espagne et très probablement de ce livre, de ce partage.

Bonjour Eau, je t'aime et je te respecte. Je t'entends, je te vois et je te sens. Je suis ici, pleinement avec toi, sous une pluie fine.

— *Le chemin de l'intériorisation est un long processus, la luminescence de l'eau est ton guide. Plus tu chercheras la lumière à l'intérieur de toi, plus tu ouvriras ton cœur, plus tu seras relié. Relié à toi, bien sûr, mais aussi au monde et au grand tout.*

*Concentre-toi un instant sur l'eau qui court. Fait corps avec elle, sens-toi bouger.* »

Je pose mon stylo un instant et rentre dans un état de contemplation méditatif. Au bout d'un moment, je reviens auprès de l'eau…

« *Je suis votre amie, marchons ensemble main dans la main. Venez me parler, partager avec moi qui vous êtes, en utilisant la luminescence, notre langage universel à tous.*

*Soyez certains que vous serez entendus. Venez me rencontrer, passer du temps avec moi, je ne suis pas seulement dans les lacs et les rivières, je suis ici même avec chacun d'entre vous. Ce livre signifie peu en lui-même. La question à laquelle vous devez répondre est « Qu'allez-vous faire, ici et maintenant ? »* »

*Changez d'échelle et ouvrez-vous à la luminescence de l'eau.*

*J'ai hâte de vous révéler qui je suis et qu'ensemble nous puissions co-créer en harmonie avec le vivant. Je suis beaucoup plus que ce que vous avez découvert sur moi. Les mystères de l'eau sont les mystères de la vie.*

*Vous aussi, vous êtes beaucoup plus que ce que vous croyez. Vous êtes l'infini et le grand tout. Vos possibilités sont au-delà de ce que vous pouvez imaginer. Connectez-vous à votre propre luminescence, partagez partout autour de vous qui vous êtes à travers votre lumière, votre cœur.*

*Il n'y a plus rien à faire, il y a tout à être.* »

Je suis resté dans mes pensées durant de longues minutes.

« Merci pour tous ces messages et ces partages. Ces différentes sessions se sont déroulées sur plus de neuf semaines dans de nombreux lieux différents.

J'ai une infinie gratitude pour ces cadeaux que je me suis offert avec toi. D'être aller à ta rencontre, de t'avoir écouté. Tu m'as profondément enseigné et de nombreux changements ont opéré en moi, c'est assez fou.

Ici, avec les bottes dans l'eau, sous la pluie, j'ai de la difficulté à percevoir la continuité de tous ces écrits, mais je veux aller au bout de ce livre. Je reçois de toi la puissance, le calme et la sérénité. A moi d'en faire quelque chose.

Avec le cœur, merci. »

C'est un sentiment difficile à décrire. C'est à la fois une fin et une continuité.

C'est la fin de ces sessions « publiques » partagées dans ce livre, sans filtre. J'ai pris soin de ne jamais tarder à retranscrire mot pour mot ce que j'avais écrit sur mon carnet au bord de l'eau, pour vous offrir mes transformations étape après étape.

C'est aussi une continuité car mon rapport à l'eau a encore changé. À chaque instant, lorsque je perçois de l'eau, je l'observe avec le cœur, je lui parle. J'ai développé une encore plus grande conscience de l'eau. Elle est devenue mon amie. À la fois douce et puissante, elle n'a jamais hésité à me remettre à ma place. Je me dois de l'écouter. J'ai tout à vivre, tout à expérimenter.

J'ai toujours eu de la difficulté à terminer ce que je commence. Je ne laisse plus, comme il m'arrivait étant plus jeune, de nombreuses choses en suspens, mais finir quelquechose me demande plus d'efforts. Dans le cas de ce livre, j'ai de l'émotion à le terminer. J'ai senti venir la fin, passant au cours des deux dernières sessions plus de temps à contempler et à méditer au bord de l'eau qu'à écrire. Ce n'était pas un choix, c'était ainsi. Mais malgré tout, finir ce livre, c'est aussi passer à autre chose. Une nouvelle étape pour moi. Tout comme il y a eu un « avant » et un « après » notre voyage en roulotte, il y aura un « avant » et un « après » ce livre. Rien n'aura changé, mais tout sera différent.

# CONCLUSION

Et maintenant, que reste-t-il ? Comme lorsqu'une chanson que l'on aime profondément prend fin, il reste l'émotion. Il reste le vécu et l'expérience.

Vous pouvez finir ce livre en vous disant que c'est une belle histoire et le ranger sur votre étagère. Ou vous pouvez vous mettre à expérimenter. Ne croyez pas un mot de ce que je vous ai raconté sur parole, s'il vous plaît. Je vous demande de l'expérimenter vous-même. Écrivez votre propre histoire.

S'il y a un message que je retiens parmi tout ce que m'a enseigné l'Eau, c'est d'aller à sa rencontre. J'ai passé deux années à vouloir écrire sur elle. J'ai appris ce que je pouvais, j'ai compilé une somme importante de données, lu de nombreux livres. Et finalement, je n'avais qu'à m'asseoir et écouter.

Parmi les lectures autour de l'Eau qui m'ont beaucoup appris, celles de Viktor Schauberger ont toujours été pour moi puissantes. Aujourd'hui je comprends pourquoi. Cet homme a passé énormément de temps auprès de l'eau. À l'observer, à l'écouter. Ce génie avant-gardiste à certainement écouté des heures et des heures durant tout ce que l'eau pouvait lui enseigner. Il n'était pas diplômé, pas ingénieur, mais un autodidacte qui a su créer ce que l'eau lui murmurait. Avec cent ans de recul, ses écrits sont toujours aussi pertinents et ses inventions incroyablement avancées.

Expérimenter, vibrer et ressentir sont les trois choses que j'ai apprises avec l'eau les premières semaines… Voir avec le cœur, et le rendre perméable à la lumière, ce n'est pas plus compliqué.

J'ai cherché à apprendre la « Syntonisation ». Il me

suffisait d'être ici et maintenant présent dans mon corps, de demander à l'Eau et laisser être ce qui doit être.

Puis très vite, sans plus chercher à la comprendre, à l'analyser ou à la provoquer, j'ai accédé à la luminescence de l'eau… Et alors, j'ai goûté à l'Harmonie, la Paix et l'Amour.

Il m'est clairement impossible de retranscrire avec des mots la somme des expériences, des ressentis, des sensations que j'ai vécues. Au cours des onze semaines qui se sont écoulées, tellement de choses ont été les conséquences des minutes, des heures passées auprès de l'Eau que je ne saurais en faire la liste.

L'Eau est mon amie. Je la respecte. Je l'aime. Pas pour ses fonctions, ni pour ce qu'elle peut m'apporter, mais pour qui elle est. Et j'aime ses parts de mystères. Ces parts que je ne pourrai jamais comprendre. Mais après tout, comprendre ne sert à rien, alors à quoi bon !

Finalement, tout se résume à la conscience de ce qui est cumulé à la joie et à l'émerveillement. Tout est beaucoup plus simple que ce que l'on nous présente. Il suffit de nous émerveiller, de cultiver la joie en nous. Et dans la magie la plus parfaite, nos cœurs deviennent alors perméables à la lumière.

Avec le cœur et tout mon amour.

*Yannick.*

*Une vision extérieure*

\*\*\*

Le jour où Yannick est revenu de l'événement Merkaba, il m'a annoncé qu'on lui avait demandé d'écrire un livre sur l'eau. Il était euphorique et, à vrai dire, encore dans un état second après les riches échanges qu'il avait pu avoir lors de cette rencontre.

Cela m'a semblé d'une telle évidence... Un livre sur l'eau...

Les jours ont passé, les semaines, puis les mois. Aucune ligne n'était écrite. Il était sclérosé par la peur de mal faire et surtout d'être un imposteur. Vous savez, le fameux « il y a déjà tellement de livres sur le sujet, en quoi ce que j'aurais à dire serait-il intéressant ? »

Un jour pourtant, il s'est décidé à me demander que nous méditions sur « son livre ». Nous avons donc canalisé ensemble et un beau message – quoique remuant – a été sa réponse. Il ne devait pas écrire « sur » l'eau », mais « avec » l'Eau. Yannick était galvanisé et... apeuré ! Mais il s'est tout de même lancé et a fait sa première session avec l'Eau peu de temps après.

À partir de ce moment, j'ai pu observer bon nombre de changements dans son attitude, dans sa façon d'être au monde et aux autres. Il est devenu, au fil des sessions, plus calme, plus apaisé. Avant cela, il était plutôt tendu depuis quelques mois et de fait, moins accessible. Son mental s'en est trouvé fortement modifié, au grand plaisir de nos enfants qui ont retrouvé un papa enclin à rire et plaisanter avec eux.

Ses sessions de discussions avec l'eau sont, à mon sens, des clés qui ont permis à Yannick d'effectuer des changements profonds et durables en lui. Quelque chose semble avoir changé, oserais-je dire dans son ADN !

En tout cas, la rencontre avec l'Eau est un cadeau qu'il s'est offert, mais qu'il a aussi offert au monde en se permettant d'être encore plus qui il Est, de le rayonner et de l'offrir.

Merci à l'Eau d'avoir permis cela.

*Maude*

# PLACE À L'ACTION

Qu'allez-vous faire de ces quelques pages ?

À travers les différentes sessions en lien avec l'eau que j'ai partagées avec vous, je me suis fait, le temps de ces quelques lignes, le messager de l'Eau. Le temps est venu de vous poser les questions suivantes :
- Est-ce que votre perception de l'eau a changé ?
- Qu'allez-vous retenir de cette lecture ?
- Comment allez-vous pouvoir vous l'approprier ?

Il vous appartient dorénavant d'entretenir votre lien avec l'Eau. De vous ouvrir à votre Luminescence, et d'explorer votre propre vision de l'eau.

Je vous souhaite d'agréables moments en sa compagnie.

# REMERCIEMENTS

En premier lieu, je souhaite remercier Maude, ma compagne, mon premier soutien. Ce livre n'aurait pas vu le jour sans elle. Elle est mon Âme sœur, celle qui me connaît le mieux. Merci d'être à mes côtés et de me supporter dans ce chemin sinueux. Je t'aime.

Je souhaite remercier mes enfants, qui sont une grande source d'inspiration et qui participent pleinement à mes différentes pérégrinations, parfois sans le savoir. J'espère qu'un jour ce livre leur donnera envie, à eux aussi, de se poser au bord de l'Eau pour l'écouter. Merci, je vous aime.

Je tiens à remercier chaleureusement le Vénérable Michel Thao Chan de m'avoir poussé à écrire ce livre en me mettant sur le chemin de la luminescence. Merci.

Je remercie mes parents d'être toujours présents et de me soutenir inlassablement dans toutes mes démarches personnelles ou professionnelles. Merci. Je vous aime.

Merci à vous lecteur de ce livre. J'espère que vous irez vous aussi à la rencontre de l'eau, et que vous partagerez vos ressentis autour de vous.

Je finirai bien évidemment par remercier l'Eau. Mon amie. Merci à toi qui m'a tant appris.

# YANNICK MYTAE

Après des études de commerce, il exerce en tant que cadre commercial dans le monde industriel (énergies renouvelables). Parallèlement à sa courte carrière, passionné par les techniques de communication et les interactions humaines, il apprend la PNL, l'ennéagramme, le coaching. Las de cette existence passée à courir après l'argent sans profiter de leur famille, sa compagne et lui décident de tout quitter pour changer de vie et partir en roulotte tractée par deux chevaux de trait. Point de départ de douze années de nomadisme, de recherches en famille sur les émotions, le vivant, avec la joie comme boussole…

Aujourd'hui consultant, formateur, conférencier et auteur, son quotidien se partage entre différents points d'intérêts dont le dénominateur commun est toujours l'humain…

L'eau, l'autonomie énergétique, les émotions et la spiritualité sont ses sujets de prédilection.

# **INFORMATIONS**

Retrouvez toute l'actualité de Yannick MYTAE en vous rendant sur le site internet :

**www.yannick-mytae.fr**
Articles, Vidéos, Podcast.

# LES ÉVÉNEMENTS

Vous souhaitez allez plus loin sur l'eau. Rendez-vous dans l'un des événements animé par Yannick MYTAE.

### Conférence
« La magie de l'eau »

### Atelier d'une journée
« Développer votre conscience de l'eau »

### Stage de 2 jours
« Je suis Eau »

Dates et informations sur
www.yannick-mytae.fr

----

Vous organisez un évenement et souhaitez faire intervenir Yannick MYTAE,
contactez-nous par mail :
yannick@mytae.fr.

# LA MAGIE DE L'EAU
Une conférence en ligne

Que savons-nous de l'eau ? L'eau est tellement présente, partout, en tout, que nous n'y faisons jamais attention. Très peu étudiée, l'eau participe pourtant, à chaque instant, à tous les processus de la vie. Vecteur d'informations subtiles, l'eau fait office de « disque dur » du vivant, capable d'emmagasiner une information pour la restituer plus tard.
Ces propriétés et fonctionnements sont magiques, lorsque nous y portons attention.

Aujourd'hui, l'accès à une eau de qualité « santé » est un défi de taille. De nombreux agents de pollution physique (pesticides, résidus médicamenteux, métaux lourds …) sont présents dans nos eaux de réseaux, de puits, de sources… Et ce que nous apprend la physique quantique aujourd'hui quant aux propriétés vibratoires de l'eau, nous montre que les informations contenues dans l'eau sont tout aussi, sinon plus, destructrices du vivant (pollutions électromagnétiques, émotions, etc.).

*Conférence enregistrée le 6 juillet 2023 dans les cadre de l'université d'été du CNR 2023 au Temple-sur-Lot (47)*

yannick-mytae.fr/conference_la_magie_de_l_eau/

# MERKABA
## CIRCONVOLUTION

*Une étoile en rotation*

Cette structure en bois basée sur la géométrie sacrée est une étoile tétraédrique. C'est une double pyramide à base triangulaire : La Merkaba.

Elle est posée au sol grâce à un trépied en acier. Le roulement conique de ce dernier permet un mouvement rotatif de la Merkaba sur sa pointe basse, et ainsi active son plein potentiel vibratoire : La circonvolution.

Un plateau circulaire, fixe, au centre du volume, crée un espace d'accueil pour une personne. L'expérimentateur, peut activer la circonvolution de manière autonome ou être accompagné par une personne extérieure .Assis, à genoux ou debout, l'invitation est au silence, à la reliance et à l'expression de ses ressentis.

*En savoir plus :*

*+33 (0)6 09 89 55 23*
*geobatisseur@gmail.com*
*www.geobatisseur.com*